Édition : BoD · Books on Demand, 31 avenue Saint-Rémy, 57600 Forbach, bod@bod.fr
Impression : Libri Plureos GmbH, Friedensallee 273, 22763 Hamburg (Allemagne)

ISBN : 978-2-8106-2897-1
Dépôt légal : février 2025

Du même Auteur :

- La formation des aviateurs de la Royal Air Force et du Commonwealth 1934 - 1945. Histoire, programmes et matériels. ISBN 978-2322541973.

- Chasseurs de nuit et *Intruders* de la Royal Air Force contre la Luftwaffe : La première guerre électronique aérienne, 1939 - 1945. ISBN 978-2322540396.

- Notes à l'intention des Pilotes pour différents appareils de la Royal Air Force (voir liste en fin d'ouvrage).

Table des matières

AVERTISSEMENT

Ces Notes à l'intention des Pilotes ont bien évidement été traduites uniquement pour leur intérêt historique et ne doivent en aucun cas être employées pour le vol sur de vrais avions (pour les rares lecteurs qui ont la chance de posséder un Halifax, un Hamilcar ou autres Spitfire dans leur jardin !). Ces manuels étaient constamment tenus à jour et il a fallu choisir de traduire une version particulière qui n'est quasiment jamais la publication la plus récente. La version traduite est donc une sorte de "photographie" dans le temps. Souvent, le choix de la version a été imposé par le peu de documentation ayant survécu ou par l'histoire particulière d'un avion.

Par contre, l'usage de ces manuels avec des simulateurs de vol peut permettre de vérifier le réalisme des logiciels et apporter une nouvelle dimension à cette activité, par exemple en suivant strictement les procédures recommandées.

Abréviations principales

AP : Air Publication (Publication *[du Ministère]* de l'Air britannique).

FAA : Fleet Air Arm (Aéronavale britannique).

PN : Pilot's Notes (Notes à l'intention des Pilotes).   RAF : Royal Air Force.

INTRODUCTION

Les lecteurs intéressés trouveront les conventions de traduction ainsi que l'histoire des manuels à l'intention des Pilotes dans **l'ouvrage de cette série consacré au Tiger Moth** [1] : la plupart des pilotes formés pendant la guerre ayant débuté sur cet avion, il a paru logique qu'il serve de base pour cette série de manuels.

Le Chance Vought F4U Corsair dans la Fleet Air Arm

L'Aéronavale britannique (FAA) est entrée en guerre avec des chasseurs peu performants. Il a fallu adapter dans l'urgence des chasseurs Hurricane ou Spitfire, et acheter massivement des appareils américains. La FAA a reçu 1.967 Corsair. Le tableau ci-dessous résume les différentes versions du Corsair utilisées par les Britanniques pendant la Seconde Guerre Mondiale :

RAF Mk	Modèle	Constructeur
I	F4U-1	Chance Vought
II	F4U-1A et F4U-1D	Chance Vought
III	F3A-1	Brewster (équivalent à la version F4U-1)
IV	FG-1A et FG-1D	Goodyear

Doté d'une mauvaise visibilité vers l'avant lors de l'approche et d'un fort couple moteur, le Corsair est initialement rejeté par l'US Navy pour l'emploi sur porte-avions. Le couple moteur au décollage est tel qu'il peut retourner l'avion d'un coup si la manette des gaz est brutalisée (d'où le surnom donné à l'avion "*Ensign Eliminator*" = "*tueur d'Aspirant*"). Les Britanniques développent la technique d'appontage avec une approche en courbe. Le premier Escadron de la FAA sur Corsair est formé en juin 1943.

La FAA a remisé ses derniers Corsair en 1946.

Les versions "A" de chasse avaient six mitrailleuses de 12,7 mm. Les versions "D" d'attaque au sol pouvaient emporter deux bombes de 450 kg sous les ailes (ou huit roquettes). Des versions de chasse de nuit ("N" et "NL") ont aussi été développées, avec un radar sur l'aile droite. Sur les versions F4U-6 et -7 d'après-guerre, la charge offensive a été portée à plus de 2 tonnes.

---

[1] *"Notes pour les Pilotes de Tiger Moth T. Mk. 2"*, ISBN : 978-2322561292.

<u>**La désignation des appareils embarqués dans l'US Navy (USN)**</u>

De façon simplifiée, les avions étaient désignés par un code alphanumérique s'articulant autour du noyau suivant : [2]

<u>Lettre de type</u> – <u>N° d'avion de ce constructeur</u> – <u>Lettre code constructeur</u>

Types	Principaux constructeurs

F - Chasseur
B - Bombardement
J - Avion de servitude
L - Planeur
O - Observation au profit de
    l'artillerie navale
N - Formation
P - Surveillance maritime
R - Transport
T - Torpillage
S - Reconnaissance
Z - Dirigeables
(et des combinaisons de deux
lettres comme par exemple TB -
Torpillage et bombardement)
	A - Brewster Aeronautical Corporation
	C - Curtiss Aeroplane and Motor Company
	D - Douglas
	F - Grumman Aircraft Engineering
	    Corporation
	G - Goodyear Aircraft Corporation
	J - North American
	M - General Motors Corporation
	N - Naval Aircraft Factory
	U - Chance Vought Corporation
	V - Vultee
	Y - Consolidated

Par exemple F4U pour le chasseur (F) n°4 (Corsair) de Chance Vought. Ce système est resté en vigueur jusqu'en 1962, avec des aménagements pour refléter les évolutions techniques ou les disparitions de constructeurs.

Le tableau suivant liste quelques exemples d'avions ayant été utilisés à la fois par l'US Army Air Corps (USAAC), l'USN et la RAF ou la FAA : [3]

Constructeur	Désignation USAAC	Désignation USN	Nom RAF / FAA
North American	AT-6 Texan	SNJ	Harvard
Consolidated	OA-10	P3Y (puis PBY-5A)	Catalina
Consolidated	B-24	PB4Y	Liberator
Curtiss	A-25A Shrike	SB2C	Helldiver
Grumman	OA-9	J3F (puis JRF-6)	Goose
Douglas	C-47	R4D	Dakota

Pour les noms donnés par la FAA à ses appareils, se reporter à l'ouvrage de cette série sur l'Avenger.

---

[2]   Pour compliquer les choses, il pouvait aussi y avoir un préfixe (lettre X pour les prototypes, lettre Y pour les avions de présérie) ; un numéro de lot pour indiquer les modifications, et un suffixe de type (par exemple N pour les chasseurs de nuit, ou P ou pour les appareils de reconnaissance photographique).

[3]   Pour les codes alphanumériques utilisés par l'USAAC pour désigner ses appareils, se reporter à l'ouvrage de cette série sur l'Airacobra.

NOTES POUR LES PILOTES DE
CORSAIR I À IV

MOTEUR DOUBLE WASP R2800-8 ou R2800-8W

RÉVISIONS

À mesure des besoins, des listes de révisions seront publiées.

Ces listes seront enduites de colle pour que l'on puisse les fixer à l'intérieur de la couverture du livre.

Chaque liste de révisions comprendra toutes les mises à jour récentes et, si nécessaire, des feuillets à coller aux endroits voulus dans le texte.

On devra certifier l'insertion d'une liste de révisions en inscrivant ci-dessous la date de l'entrée et les initiales de la personne ayant effectué cette mise à jour.

LISTE N°	INITIALES	DATE	LISTE N°	INITIALES	DATE
1	A. B.	Fév. 1945	3	E. F.	Fév. 1946
2	C. D.	Nov. 1945	4	G. H.	Mai 1946

NOTES POUR LES UTILISATEURS

Cette publication se divise en cinq parties : Description, Pilotage, Caractéristiques, Situations d'Urgence et Illustrations.

La première partie ne donne qu'une brève description des commandes avec lesquelles le pilote devra se familiariser.

Ces notes complètent la Publication *"A.P.2095 - Notes générales pour les Pilotes"* et supposent une parfaite connaissance de son contenu. Tous les pilotes devraient être en possession d'un exemplaire de la Publication A.P. 2095 (voir A.F.O. 3467/44). [4]

Les mots en lettres capitales indiquent les marquages tels qu'ils existent sur les commandes correspondantes.

Des exemplaires supplémentaires peuvent être obtenus auprès du S.N.S.O. *[Senior Naval Store Officer]*, 191A Askew Road, Shepherd's Bush, London, W.12 en portant sur le formulaire de la Royal Navy S.134D ou D397, ou sur le formulaire R.A.F. 294A, en double, le numéro de cette publication en toutes lettres : AP. 2351A, B, C & D - P.N.

Les commentaires et les suggestions devront être transmis par la voie hiérarchique à l'Amirauté (D.A.E.).

---

[4] AFO = Ordre de routine de l'Amirauté à la Flotte.

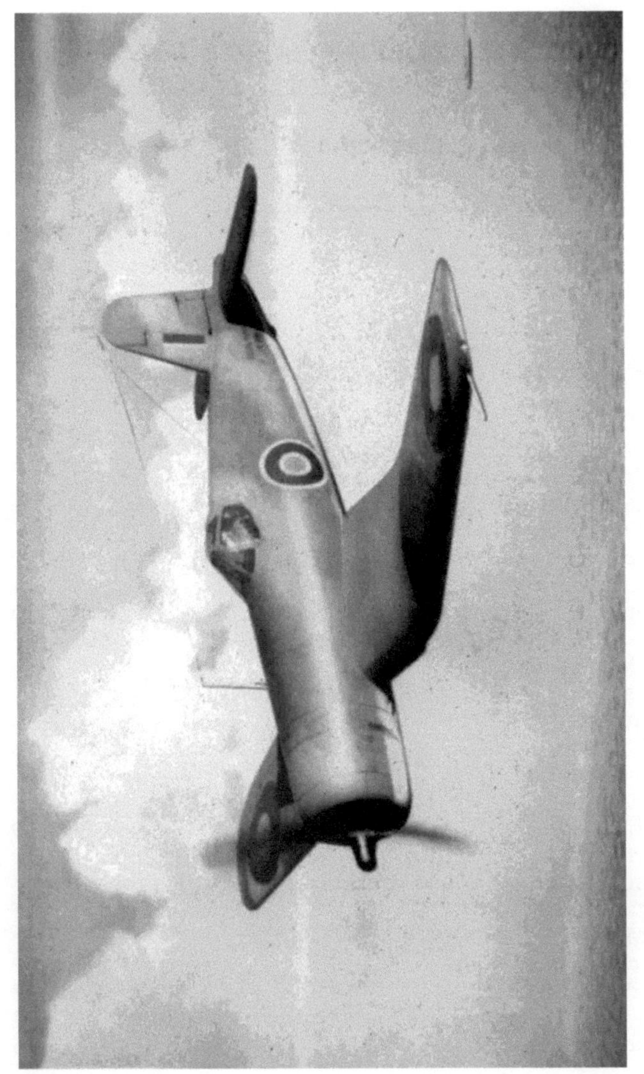

CORSAIR

NOTES POUR LES PILOTES DE
CORSAIR F. [5] Mks. I, II, III et IV

TABLE DES MATIÈRES

Ière PARTIE - DESCRIPTION

---

[5] "F" pour "Fighter" (chasseur).

Ière PARTIE - DESCRIPTION

INTRODUCTION

1. Les Corsair F. Mks. I, II, III et IV, sont des chasseurs monoplans à ailes de mouette inversées. [6] Ils sont motorisés par un Pratt & Whitney R.2800-8 ou R.2800-8W doté d'un compresseur à deux vitesses/deux étages et une hélice à Hamilton Hydromatic. [7] Ils peuvent opérer depuis le pont d'un porte-avions, étant équipés pour l'accélération [8] (par la méthode "attitude cabrée"), l'appontage sur brin d'arrêt et le repliage des ailes. La principale différence entre la version F. Mk. I et la version F. Mk. II, est que cette dernière dispose d'un poste de pilotage surélevé. Les avions des versions F. Mk. III & IV sont semblables à ceux de la F. Mk. II, mais sont construits par d'autres fabricants.

PRINCIPAUX SYSTÈMES

2. **Circuit de carburant**

    (i) <u>Réservoirs de carburant</u> : Le carburant est emporté dans un réservoir principal auto-obturant, qui comprend un compartiment de réserve, et deux réservoirs d'aile. Les réservoirs d'aile ne sont pas auto-obturants et ne doivent pas être remplis pour les vols opérationnels ou d'entrainement, mais seulement pour les vols de convoyage. Les capacités sont :

	Gallons Imp.	Gallons U.S.	*Litres*
Réservoir principal (y compris la réserve de 42 gallons Impériaux *(191 litres)*)	197	236	*896*
Réservoirs d'aile (47,5 gallons Imp. *(216 litres)* chacun)	95	114	*432*
Total	**292**	**350**	***1.327***

---

[6] Vue de face, les ailes forment un "W".

[7] Hélice Hydromatic : produite par De Havilland ou Hamilton. Le nom Hydromatic vient de la contraction des mots "hydraulique" et "automatique".

[8] Dans le contexte de l'époque, le terme "décollage par catapultage" couvre le lancement à partir d'une structure dédiée, une catapulte disposant d'un chariot qui se déplace sur des rails et sur lequel l'avion est posé (le chariot étant généralement propulsé pneumatiquement ou par une charge pyrotechnique, ou même des fusées dans le cas des catapultes de type "P" des navires Catapult Armed Merchant ("CAM" ships)). Le terme "décollage accéléré" ou "décollage assisté" est utilisé pour le catapultage à partir d'un pont et couvre à la fois l'accélération fournie à l'avion par :
  - Un sabot propulsé le long du pont généralement par un volant d'inertie jusqu'à l'adoption après la guerre de la catapulte à vapeur ;
  - Des fusées d'appoint fixées sur l'avion ("RATO"pour "Rocket Assisted Take-Off").

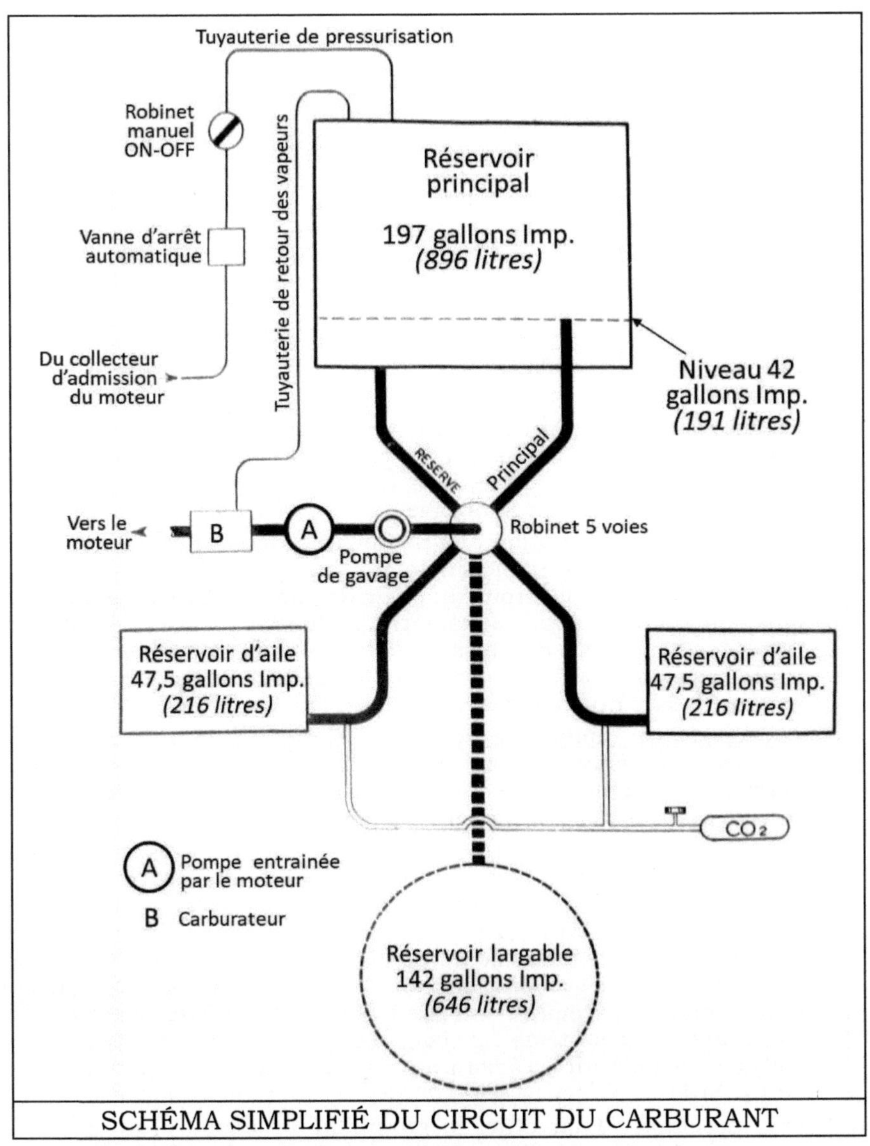

SCHÉMA SIMPLIFIÉ DU CIRCUIT DU CARBURANT

Sur les avions immatriculés JT.100 - JT.554, il est possible d'emporter un unique réservoir largable de 142 gallons Impériaux (170 gallons U.S. – *646 litres*) sous le centre du fuselage.

Sur les avions immatriculés JT.555 - JT.634, outre le réservoir largable central, un réservoir largable de 137 gallons Impériaux (165 gallons U.S. - *623 litres*) peut être installé sous l'aile droite à la place d'une bombe.

Sur ces avions les deux réservoirs d'aile *[internes]* et le système de dilution des vapeurs ne sont pas installés.

Sur les avions qui suivent celui immatriculé JT.634 et sur les avions de la version MK. IV qui suivent celui immatriculé KD.561, un réservoir largable de 137 gallons Impériaux (165 gallons U.S. - *623 litres*) peut être installé sous chaque aile en remplacement des bombes. Le système permettant l'emport du réservoir largable central est conservé, mais les deux réservoirs d'aile *[internes]* et le système de dilution des vapeurs sont supprimés.

(ii) <u>Jauge de carburant</u> : Une jauge électrique de carburant est installée uniquement pour le réservoir principal et la mesure, qui est en gallons U.S., inclut la réserve.

(iii) <u>Robinet de carburant</u> : Le robinet d'essence a cinq positions. Les marquages varient en fonction des réservoirs qui sont montés. Il faut faire attention de bien s'assurer que ce robinet soit correctement positionné pour obtenir le réglage désiré.

(iv) <u>Pompe de suralimentation</u> : La pompe électrique de suralimentation est commandée par un interrupteur marqué EMERGENCY FUEL PUMP [9] sur la console droite du poste de pilotage. La pompe doit être mise en marche pour le démarrage du moteur, le décollage et l'atterrissage, en cas de pression faible dans le circuit de carburant ou de ratés du moteur, en cas de panne de la pompe entrainée par le moteur, et lors du changement de réservoir.

(v) <u>Tuyauterie de retour des vapeurs</u> : Cette tuyauterie ramène les vapeurs d'essence au réservoir principal. Aux températures normales, le retour par cette tuyauterie est minime, mais il sera considérable sous conditions tropicales.

(vi) <u>Inertage des vapeurs des réservoirs d'aile</u> : Ce système est activé par un bouton, placé sous la commande de réglage du compensateur de profondeur, qui libère du CO_2 dans les deux réservoirs des ailes comme protection contre l'incendie. Ceci ne pousse pas le carburant hors des réservoirs mais coupe l'alimentation du moteur. Il faut donc, avant d'utiliser ce système, que le robinet de carburant soit mis sur la position MAIN [10] et il ne doit pas être ramené sur l'un des réservoirs d'aile tant que le système d'inertage des vapeurs est actif. Ce système n'est pas installé sur les avions qui suivent ceux immatriculés JT.555 ou KD.561.

(vii) <u>Pressurisation</u> : Pour éviter la possibilité de coupure du moteur à cause de l'évaporation du carburant par temps chaud à haute altitude, le réservoir principal est mis sous pression (dispositif

---

[9]   Pour correspondre aux Illustrations, le texte n'a pas été traduit ci-dessus : EMERGENCY FUEL PUMP = Pompe de carburant de secours.

[10]   MAIN = Réservoir principal.

automatique au-dessus de 12.000 pieds *(3.660 m))*. Cette pressurisation compromet cependant les propriétés d'auto-obturation du réservoir et si nécessaire le système peut être désactivé par une commande manuelle au-dessus de la pédale droite du palonnier.

(viii) <u>Séparation de réservoir largable</u> : La commande de largage du bidon externe central est sur le côté gauche du tableau de bord : elle a trois positions marquées ATTACH, FLIGHT LOCK et RELEASE. [11] Quand le bidon externe central est emporté, la commande doit être laissée sur la position ATTACH jusqu'au largage de ce réservoir, après quoi la commande doit être placée sur FLIGHT LOCK.

Le largage des bidons externes sous les ailes se fait à l'aide des commandes de largage des bombes.

3. Circuit d'huile

(i) <u>Réservoirs d'huile</u> : La capacité maximale d'huile est de 22 gallons Impériaux (26 gallons U.S. - *118 litres*). Cependant, la capacité recommandée est de 18 gallons Impériaux *(82 litres)* pour laisser un plus grand espace d'air dans le réservoir. La capacité maximale d'huile ne doit être utilisée que lors d'opérations à grande distance.

(ii) La dilution d'huile est possible. [12] L'interrupteur se trouve sur la console droite.

4. Circuit hydraulique

(i) <u>Les équipements suivants fonctionnent grâce au système hydraulique</u> :

Volets de capot moteur	Volets hypersustentateurs
Repliage et verrouillage des ailes	Train d'atterrissage
Crosse d'appontage	Aérofreins de piqué (roues principales)
Chargement des mitrailleuses	
Volets du radiateur d'huile et de l'intercooler	

La combinaison d'une pompe entraînée par le moteur, d'un régulateur de pression et d'un accumulateur permet de maintenir une pression constante de 950 à 1.125 lb./sq.in. [13] *(32 à 38 bars)*, qui est mesurée par le manomètre situé sur le panneau de droite du poste de pilotage.

Lors de l'utilisation d'un équipement, la pression baissera et fluctuera, mais restera stable une fois que l'opération sera terminée. Une pompe manuelle est prévue pour être utilisée lorsque le moteur

---

[11] ATTACH = *[Bidon]* connecté ; FLIGHT LOCK = Position de sécurité *[bidon largué]* ; RELEASE = Largage.

[12] L'huile est diluée avec du carburant afin de faciliter le démarrage le jour suivant.

[13] Unité de pression britannique : "livres par pouce carré", laissée ici sous l'abréviation anglaise comme dans les documents traduits à l'époque en français. La valeur convertie en bars a été ajoutée lors de la traduction.

ne tourne pas, ou en cas de panne de la pompe entraînée par le moteur.

(ii) <u>Clapet de la pompe manuelle</u> : Ce clapet est utilisé conjointement avec la pompe manuelle. Sur les premiers avions produits, la commande est montée sous le tableau de bord en avant du levier de sélection du train d'atterrissage. Sur les avions récents, elle est sur le panneau de gauche immédiatement sous la poignée de désactivation du filtre à air. Lorsque l'avion est au sol et que le moteur ne tourne pas, la pompe manuelle peut être utilisée pour maintenir la pression de l'accumulateur lorsque la commande est placée sur la position GROUND. [14] En vol (en cas de panne de la pompe entraînée par le moteur) la pompe manuelle peut être utilisée pour faire fonctionner n'importe quel équipement sur le circuit hydraulique lorsque la commande est placée sur la position FLIGHT.

(iii) <u>Pompe à manuelle</u> : En cas de rupture d'une conduite hydraulique, la pompe entraînée par le moteur refoulera tout le liquide hydraulique dont elle dispose à l'atmosphère, mais la quantité restante dans le réservoir sera suffisante pour une seule opération à la pompe manuelle du train d'atterrissage, des volets hypersustentateurs, des volets de capot moteur, des volets du radiateur d'huile et de l'intercooler et du chargement des mitrailleuses. La crosse d'appontage ne nécessite pas de pression hydraulique pour être abaissée.

5. **Circuit électrique**

Le circuit électrique fonctionne en 24 volts. Les équipements suivants sont électriques :

Tout l'éclairage	Réchauffage de la sonde Pitot
Démarreur pyrotechnique	Collimateur
Cinémitrailleuse	Armement
Pompe à carburant	Radio

Le panneau principal des interrupteurs est sur la console droite du poste de pilotage. Des disjoncteurs sont installés pour tous les principaux services électriques et sont soit du type "poussez pour remettre en service" soit sont incorporés dans les interrupteurs "ON-OFF" qui s'ouvrent (OFF) en cas de court-circuit. Pour les remettre en service, appuyez sur le bouton du disjoncteur ou ramenez l'interrupteur sur ON.

COMMANDES DE VOL

6. **Surfaces de compensation**

Les commandes de réglage des compensateurs de la direction et des ailerons sont montées sur la console gauche du poste de pilotage. Elles

---

[14] GROUND = Au sol ; FLIGHT = En vol.

fonctionnent toutes dans le sens naturel et des indicateurs de position sont installés.

7. **Commande du train d'atterrissage et des aérofreins**

   (i) Sur les premiers avions produits la commande du train d'atterrissage est un bouton à ressort situé sous le côté gauche du tableau de bord. Pour relever le train d'atterrissage, tirez sur le bouton de commande, déverrouillez le loquet de sécurité et amenez le bouton sur la position UP. [15] Pour abaisser le train d'atterrissage, tirez sur le bouton et amenez-le sur la position DOWN où le loquet de sécurité s'enclenchera automatiquement. Après avoir placé la commande sur UP ou DOWN, assurez-vous que la goupille sur le bouton est engagée dans le logement prévu dans le support en quart de cercle. Les roues principales sont utilisées comme aérofreins de piqué et peuvent être abaissées ou remontées indépendamment de la roulette de queue en utilisant la commande à la gauche de l'indicateur de position du train d'atterrissage.

   (ii) Sur les avions récents, les commandes du train d'atterrissage et d'aérofreins de piqué sont combinées sur un support en quart de cercle avec une grille en patte d'oie sur la console de gauche du poste de pilotage. Pour rétracter le train d'atterrissage le bouton au sommet du levier doit être enfoncé et le levier tiré vers l'arrière. Pour abaisser le train d'atterrissage, le bouton est à nouveau enfoncé et le levier est déplacé vers l'avant. Le même levier actionne les aérofreins de piqué en le déplaçant dans l'encoche intérieure de la grille en patte d'oie du support en quart de cercle. Avec le train d'atterrissage relevé et le levier à l'arrière du support en quart de cercle, un loquet à ressort sur le levier est rétracté : le levier peut donc être déplacé dans l'encoche intérieure de la grille en patte d'oie et poussé vers l'avant pour abaisser seulement les roues principales.

8. **Indicateur du train d'atterrissage**
   L'indicateur est sur le panneau de gauche et se compose de trois billes lumineuses qui coulissent dans des logements verticaux marqués TAILWHEEL, MAIN LANDING GEAR : L. R. [16] Ces billes indiquent la position de chaque atterrisseur sur toute sa course. Aucun klaxon avertisseur n'est monté sur les avions récents. [17]

9. **Volets hypersustentateurs**
   Le mécanisme de commande des volets hypersustentateurs est conçu pour que l'ouverture souhaitée soit obtenue par étapes de 10° jusqu'à

---

[15] UP = position relevée ; DOWN = position abaissée.

[16] TAILWHEEL = Roulette de queue ; MAIN LANDING GEAR : L. R. = Train d'atterrissage principal : Gauche Droite.

[17] Suite à de nombreux accidents causés par l'oubli du pilote de descendre le train d'atterrissage avant de se poser, les constructeurs ont équipé leurs avions d'un klaxon avertisseur se déclenchant lorsque le train est en position haute et que la manette des gaz est positionnée à une puissance réduite.

la position basse maximale (50°) par un réglage correspondant de la commande des volets. Il n'y a pas d'indicateur de position des volets hypersustentateurs *[autre que la position du levier de commande]*. Les volets hypersustentateurs sont maintenus sur une des "étapes" au moyen d'un égaliseur de débit hydraulique ne fonctionnant que lorsque les volets sont descendus.

Le système des volets hypersustentateurs comprend un mécanisme qui leur permet de dépasser l'angle défini par la commande sous des charges aérodynamiques excessives. Les volets reviennent à l'angle défini par la commande lorsque la vitesse est réduite. Le mécanisme est réglé de sorte qu'avec les volets hypersustentateurs complètement vers le bas (50°) ils commencent à dépasser l'angle défini entre 95 et 100 nœuds *(176 à 185 km/h)* au badin. [18]

10. **Repliage des ailes**

Deux commandes sont installées, un levier de commande marqué avec les positions SPREAD, STOP (sur les avions récents cette position est supprimée) et FOLD [19] et une poignée manuelle de verrouillage de la charnière d'aile. Ces commandes sont à gauche du siège du Pilote.

(a) <u>Repliage</u> : Pour replier les ailes, la poignée de verrouillage **doit être** libérée avant que le levier de commande soit placé sur la position FOLD sinon le verrou lui-même peut être endommagé. Si le moteur ne tourne pas, la pompe manuelle peut être utilisée. Une fois l'opération terminée, déplacez le levier sur la position STOP. Les ailes ne doivent pas être laissées libres à n'importe quelle position intermédiaire entre le déploiement complet et le repliage complet car le vent peut les faire bouger, faisant monter l'une et descendre l'autre. Lorsque complètement repliées, les ailes doivent être verrouillées par les entretoises prévues à cet effet. Lorsque les entretoises sont en place, les ailes peuvent être déplacées verticalement, pour le ravitaillement en essence et la maintenance des mitrailleuses, en utilisant la pression de l'accumulateur s'il y en a encore ou avec la pompe manuelle. Les entretoises sont télescopiques et sont équipées d'une butée pour la position verticale des ailes. Pour replier une seule aile, maintenez l'aile opposée en position basse, puis en verrouillant avec une entretoise l'aile relevée les ailes resteront à leurs positions respectives tant que le levier de commande reste sur la position STOP.

(b) <u>Déploiement</u> : Pour déployer les ailes, déplacez le levier de commande sur la position SPREAD. Lorsque les ailes sont complètement déployées, bloquez les goupilles mécaniquement en tirant et en engageant la poignée de verrouillage sur la position

---

[18] Les avions du Coastal Command et de la Fleet Air Arm (Aéronavale britannique) avaient des Badins calibrés en nœuds pour faciliter leur travail quotidien avec des cartes marines et avec la Royal Navy.

[19] SPREAD = Déployer ; STOP = Arrêt ; FOLD = Replier ; LOCK = Verrouillé.

LOCK. Le levier de commande ne doit jamais être déplacé sur la position FOLD si les goupilles sont bloquées mécaniquement, car cela va à la longue briser le système de verrouillage. Un contrôle visuel que les ailes sont complètement déployées est possible par les trappes de fermeture à l'articulation de chaque aile. Ces trappes ne se fermeront pas jusqu'à ce que les panneaux extérieurs soient parfaitement déployés et les goupilles engagées. Pour toutes les opérations de vol, le levier doit rester sur la position SPREAD.

11. **Crosse d'appontage**

Trois positions sont possibles pour la commande de la crosse d'appontage : UP, DOWN, et PARK. [20] Lorsque l'avion est au sol (crosse d'appontage rétractée) la commande doit être positionnée sur la position PARK. Ceci bloque le liquide hydraulique dans le système de la crosse d'appontage ce qui rend impossible une lente descente au fil du temps.

NOTE : Sur les premiers avions un couplage mécanique est installé entre la commande de la crosse d'appontage et la commande du train d'atterrissage : la commande de la crosse d'appontage ne peut être mise sur la position DOWN, sauf si la commande du train d'atterrissage est elle aussi sur DOWN ; **et la commande du train d'atterrissage ne peut être déplacée sur la position UP, sauf si la commande de la crosse d'appontage est sur UP.** Ce dispositif de couplage évite que le train d'atterrissage et la roulette de queue soient rétractés alors que la crosse d'appontage est abaissée, endommageant ainsi les portes de carénage de la roulette de queue.

Ce dispositif de couplage n'est pas installé sur les avions qui suivent celui immatriculé KD.358 sur lesquels la Modification 283 a été effectuée, mais il est toujours indispensable de s'assurer que la crosse d'appontage est rétractée avant de placer la commande du train d'atterrissage sur la position UP.

12. **Freins des roues**

Les freins hydrauliques des roues sont commandés par le haut des pédales du palonnier, au niveau des orteils. Les pédales du palonnier peuvent être ajustées en fonction de la taille des jambes du Pilote au moyen d'une goupille de blocage du côté extérieur de chaque pédale. En outre le réglage de l'angle des pédales de freinage peut être fait en tournant les boutons en haut de chaque pédale.

13. **Verrouillage de la roulette de queue**

La roulette de queue est déverrouillée en tirant et en tournant la poignée en "T" sur la console gauche du poste de pilotage.

---

[20] UP = Relevée ; DOWN = Abaissée ; PARK = Avion parqué.

COMMANDES MOTEUR

14. Bloc manettes

Le bloc manettes regroupe les commandes du compresseur, de mélange, de l'hélice et la manette des gaz.

15. Injection d'eau

Sur les moteurs R2800-8W, l'utilisation d'une pression d'admission plus élevée que celle normale de combat de 52½ pouces *[de mercure]* [21] *(1,78 bars)* est rendue possible par l'injection d'eau dans le mélange air-essence. Ceci réduit la tendance du carburant à détoner *[prématurément]* et permet de réduire la concentration du mélange à la "meilleure puissance". Lorsque la pression d'admission d'urgence de combat est utilisée le système d'injection de l'eau entre en service automatiquement quand la manette des gaz est déplacée vers la position pleins-gaz, en cassant le fil du plombage de sécurité si nécessaire. Comme l'anti-détonant est injecté, une limite plus élevée de pression d'admission devient possible. La réserve d'eau devrait durer environ 8,5 minutes. Un voyant d'alarme vert est installé sur le côté supérieur droit du tableau de bord principal et, tant que la manette des gaz est ouverte en grand, il indique comme suit :

Clignotant .. .. 3 minutes d'alimentation restantes

Allumé en permanence .. Eau épuisée

Une fois que l'eau est épuisée, et que le compresseur est en HAUTE ou en BASSE vitesse, le régulateur automatique du compresseur empêchera une pression d'admission excessive, mais **s'il est sur la position NEUTRAL** [22] **au-dessous de 3.000 pieds** *(915 mètres)* **la manette des gaz doit être ramenée en arrière pour éviter de soumettre le moteur à une pression d'admission excessive.** Une température d'air de carburateur de 43°C peut être dépassée quand l'injection d'eau est utilisée.

L'injection d'eau ne doit pas être utilisée pour démarrer ou rouler au sol. Compte tenu de la quantité relativement faible d'eau emportée, ainsi que la réduction appréciable de la fiabilité du moteur et de la possibilité que le moteur ait des ratés, l'injection d'eau ne doit pas être utilisée pour le décollage. Toutefois, un bref essai du système doit être fait durant le point fixe.

---

[21] Les Américains mesuraient la pression d'admission du moteur en pouces de mercure ABSOLUS (y compris la pression atmosphérique au niveau de la mer). Les Britanniques la mesuraient en livres par pouce carré RELATIVES (après avoir soustrait la pression atmosphérique au niveau de la mer). Les conventions du document d'origine ont été respectées lors de la conversion en bars.

[22] NEUTRAL = Point mort.

16. **Régulateur de vitesse d'hélice**

La commande à l'arrière du bloc manettes est abaissée pour INCREASE R.P.M. et remontée pour DECREASE R.P.M. [23] Un bouton d'ajustage fin est fourni pour un réglage précis.

17. **Commande du mélange**

La commande du mélange est automatique et il y a quatre positions pour le levier : FULL RICH (complètement vers l'avant) qui ne doit être utilisée que si le système automatique est en panne, AUTO RICH (centre avant), AUTO LEAN (centre arrière) et IDLE CUT-OFF (complètement vers l'arrière dans la section du support peinte en rouge). [24]

18. **Compresseur**

(i) Le compresseur est à deux étages, deux vitesses. L'étage principal, qui est entraîné directement par le moteur, est en permanence en opération de façon identique à un système mono-étagé. Ce compresseur est situé entre le carburateur et les cylindres. Il n'y a aucune commande de pression d'admission pour cet étage.

(ii) Le compresseur auxiliaire est séparé de l'étage principal et est commandé par une boite de vitesses à deux rapports possibles : LOW et HIGH. [25] Quand le levier de commande du compresseur est déplacé en arrière de la position NEUTRAL à celle marquée LOW, le compresseur auxiliaire est mis en service en plus de l'étage principal. La position complètement en arrière du levier passe le compresseur auxiliaire sur le rapport HIGH.

(iii) Après compression dans le compresseur auxiliaire, que ce soit en vitesse basse ou haute, l'air passe par les intercoolers du carburateur, puis au compresseur principal et enfin au moteur.

(iv) Une vanne de régulation du compresseur conçue pour contrôler la pression d'admission dans les limites permises est mise en service lorsque la vitesse basse ou haute est embrayée.

19. **Système d'admission**

(i) Lorsqu'on utilise le compresseur principal, des portes à ressort dans la section extérieure du système d'admission laissent entrer de l'air bourré [26] provenant des prises d'air du bord d'attaque pour entrer

---

[23] INCREASE R.P.M. = Augmenter les tr/min ; DECREASE R.P.M. = Diminuer les tr/min.

[24] FULL RICH = Plein riche ; AUTO RICH = Riche automatique ; AUTO LEAN = Pauvre automatique ; IDLE CUT-OFF = Étouffoir du ralenti. Cette dernière position permet de couper l'arrivée d'essence au carburateur (sauf si l'amorçage est en cours au démarrage) pour arrêter le moteur : arrêter l'allumage ne suffirait pas puisque le mélange continuerait à être mis à feu lors de la compression par la température élevée des cylindres. Cette commande ferme donc l'orifice du gicleur qui alimente le moteur en carburant même quand la manette des gaz est fermée pour le régime de marche au ralenti.

[25] LOW = Rapport bas ; HIGH = Rapport haut.

[26] Le terme anglais "ram" a été traduit par "bourrage" dans les documents français de l'époque, probablement pour différencier cet effet de compression dynamique de l'air

directement dans le carburateur, sans passer par le compresseur auxiliaire. Cependant lorsque le compresseur auxiliaire est mis en service, l'augmentation de la pression interne force la fermeture de ces portes et l'air va directement au compresseur auxiliaire, puis aux intercoolers et de là au carburateur.

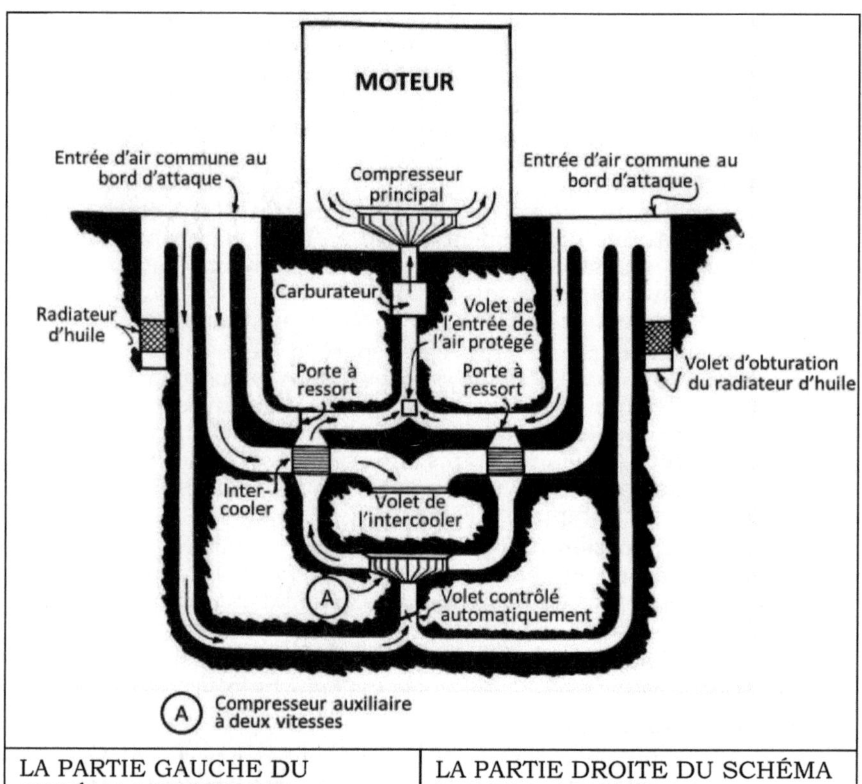

LA PARTIE GAUCHE DU SCHÉMA MONTRE LE COMPRESSEUR AUXILIAIRE EN FONCTIONNEMENT, LE VOLET DE L'INTERCOOLER OUVERT, ET LA PORTE À RAPPEL À RESSORT FERMÉE	LA PARTIE DROITE DU SCHÉMA MONTRE LE COMPRESSEUR PRINCIPAL SEUL EN FONCTIONNEMENT, LE VOLET DE L'INTERCOOLER FERMÉ, ET LA PORTE À RAPPEL À RESSORT OUVERTE

SCHÉMA DE L'ADMISSION D'AIR

---

sur les prises d'air des carburateurs qui font face à l'avant de celui dû au travail du compresseur. Donc RAM AIR = Air bourré (comprendre "compressé dynamiquement").

(ii) <u>Air protégé (avions du début de la production seulement)</u> : Ceci est commandé par une tirette sur le panneau de gauche qui ouvre une prise d'air à l'intérieur du compartiment moteur. Cette commande est utilisée aux altitudes d'utilisation du compresseur sur la position NEUTRAL quand on suspecte un risque de givrage. Aux altitudes plus élevées, le compresseur auxiliaire, lorsqu'il est mis en service, réchauffe l'air et empêche le givrage, et le volet de l'intercooler peut être fermé pour aider. La tirette de commande ne doit pas être laissée sur une position intermédiaire.

20. Voyant d'alarme de la température de l'air du carburateur

Ce voyant s'allume si la température de l'air du carburateur excède la limite maximale de 43°C. Si cette température est dépassée sans utilisation de l'injection d'eau, des dégâts risquent de se produire dus à des détonations dont le symptôme est un fonctionnement irrégulier du moteur.

21. Volets de capot moteur et volets du radiateur d'huile et de l'intercooler

Les leviers de commande pour les volets de capot moteur et les volets du radiateur d'huile et de l'intercooler sont à ressort et doivent être maintenus sur la position OPEN [27] ou la position CLOSE jusqu'à ce que la position désirée soit obtenue, puis le levier peut être relâché. Une soupape de sécurité est installée afin de permettre aux volets de s'ouvrir ou de se fermer en cas de charges aérodynamiques excessives. **Ils ne reviendront pas** automatiquement au réglage initial lorsque la vitesse diminue.

AUTRES COMMANDES ET ÉQUIPEMENTS

22. Chargement des mitrailleuses

Les mitrailleuses sont chargées hydrauliquement. Le bouton du haut pour le chargement active le chargement et la mise en sécurité des mitrailleuses de droite tandis que le bouton inférieur fait de même pour les mitrailleuses de gauche. Pour charger les mitrailleuses : tournez les boutons sur la position CHARGE, [28] puis enfoncez-les.

Pour mettre les mitrailleuses "en sécurité" : Tournez les boutons sur la position SAFE, puis enfoncez-les.

À la fin du cycle de fonctionnement, les boutons ressortiront seuls. Pour armer les mitrailleuses, prêtes pour le tir, après qu'elles aient été chargées et mises sur la position SAFE, tournez les boutons sur la position CHARGE. En cas de panne de la pompe entraînée par le moteur, les mitrailleuses peuvent être chargées en utilisant la pompe manuelle.

---

[27] OPEN = Ouvert ; CLOSE = Fermé.
[28] CHARGE = Chargement ; SAFE = Position de sécurité.

23. **Réchauffage des mitrailleuses**

Un chauffage à combustion est placé dans chaque compartiment d'aile des mitrailleuses. Les deux appareils de chauffage sont mis en fonctionnement par un interrupteur situé sur la console gauche du poste de pilotage. Pour réchauffer les mitrailleuses :

(a) Coupe-circuit principal du chauffage   ..   .. ON

(b) Interrupteur du chauffage des mitrailleuses   .. ON

24. **Dégivreur de pare-brise et chauffage de l'habitacle**

Un chauffage à combustion fournit de l'air chaud pour le dégivrage du pare-brise et/ou le chauffage du poste de pilotage. Le débit du mélange carburant-air pour les chauffages est régulé par la différence de pression entre le collecteur d'admission du moteur et la pression atmosphérique. Afin que le système puisse fonctionner, il est nécessaire de maintenir la pression du collecteur d'admission du moteur à au moins 4 pouces de mercure *(135 mbars)* au-dessus de la pression atmosphérique. La pression d'admission du moteur requise varie d'environ 34 pouces de mercure *(1,15 bars)* niveau de la mer à 15 pouces de mercure *(0,51 bars)* à 25.000 pieds *(7.620 m)*. Un dispositif automatique est installé pour totalement arrêter le système indépendamment de la position des interrupteurs ON-OFF si la pression d'admission du moteur est insuffisante pour permettre un débit de carburant pour les chauffages. Un coupe-circuit principal de réglage de la chaleur situé sur la console droite du poste de pilotage met le système de chauffage en fonctionnement. Un interrupteur spécifique pour le dégivrage est également placé sur la console droite du poste de pilotage et doit être fermé (ON) au préalable pour l'envoi de chaleur. La commande de réglage (marquée DEFROSTER) [29] sur la paroi du poste de pilotage actionne une vanne papillon pour diriger la quantité nécessaire d'air chaud sur le pare-brise. Lorsque la commande de réglage n'est pas placée pour un chauffage maximal de dégivrage, le surplus d'air chaud sera détourné vers le poste de pilotage.

Pour faire fonctionner le chauffage :

(a) Coupe-circuit principal de réglage de la chaleur   .. ON

(b) Interrupteur de dégivrage   ..   ..   .. ON

(c) Puis utilisez la commande de réglage pour contrôler le débit d'air chaud au pare-brise ou dans le poste de pilotage.

25. **Avertisseur de décrochage**

Un voyant d'alarme de décrochage monté sur le tableau de bord est activé par la rupture de l'écoulement de l'air sur la partie centrale. (*Se reporter* au paragr. 34.)

Le voyant d'alarme de décrochage n'est pas installé sur les aéronefs récents.

---

[29] DEFROSTER = Dégivreur.

IIème PARTIE
INSTRUCTIONS DE PILOTAGE

NOTE : Sur l'avion immatriculé n° KD.868 et ceux qui suivent, l'oxygène doit être utilisé en permanence pendant le vol.

26. Utilisation du circuit d'essence

(i) Utilisez le réservoir principal (position du robinet de carburant sur RESERVE) lors de l'atterrissage et du décollage, et pour la voltige et les piqués.

Utilisez 20 gallons *[Impériaux] (91 litres)* du réservoir principal avant de sélectionner les réservoirs des ailes afin d'avoir un volume disponible pour le carburant ramené par la tuyauterie de retour des vapeurs. (Par temps froid, le débit de retour est faible mais il peut être beaucoup plus important en conditions tropicales et pour cette raison il faut fréquemment surveiller le contenu du réservoir principal). Ne passez pas sur les réservoirs d'aile à une altitude inférieure à 2.000 pieds *(610 m)*. Videz les réservoirs d'aile puis repassez sur le réservoir principal.

NOTE : Les réservoirs d'aile doivent être utilisés uniquement pour les vols de convoyage. En toutes autres circonstances, ils doivent être conservés absolument vides, car la moindre quantité d'essence peut provoquer une grave explosion si ces réservoirs sont touchés.

(ii) La pompe de suralimentation en carburant doit toujours être en marche lors de tout changement du réglage du robinet d'essence. Il faut veiller à ce que le réglage précis soit obtenu, par exemple si le robinet est tourné sans faire attention sur la position de réserve, le carburant peut s'écouler du réservoir principal vers les réservoirs des ailes.

(iii) Lorsque le réservoir largable central est installé, la commande de largage doit être conservée sur la position ATTACH jusqu'à ce que le réservoir soit libéré, après quoi la position FLIGHT LOCK doit être utilisée.

(iv) <u>Pressurisation du réservoir</u> : Ce système fonctionne seulement sur le réservoir principal et est contrôlé par la poignée de commande manuelle de pression de réservoir. Il est conseillé de la laisser sur la position OFF en combat, car les propriétés auto-obturantes ne sont pas assurées lorsque le réservoir est sous pression. Dans le cas d'une chute de la pression de carburant lors de l'utilisation des réservoirs d'aile, repassez sur le réservoir principal et mettez la pompe de suralimentation et/ou la pressurisation en marche.

(v) La jauge de carburant indique seulement le contenu du réservoir principal. Les Pilotes doivent être conscients que sur les premiers avions produits la jauge de carburant peut se coincer en position et qu'il ne faut pas trop faire confiance aux valeurs indiquées.

27. **Démarrage du moteur et montée en température**

(i) <u>Vérifiez</u> :

Déploiement *[des ailes]* .. .. Correct
Levier du train d'atterrissage .. DOWN, loquet de sécurité engagé
Volets hypersustentateurs .. UP
Tous les interrupteurs .. .. OFF
Carburant .. .. .. RESERVE

(ii) Faites tourner le moteur à la main sur 4 ou 5 tours. Insérez la cartouche de démarrage (type N3 Mark I). Verrouillez la culasse.

NOTE : Sur les avions Mk. IV récents, le démarreur à cartouches est remplacé par un démarreur électrique en prise directe. Si une batterie au sol est utilisée, le coupe-circuit de la batterie de l'avion doit être ouvert (OFF).

(iii) <u>Réglez</u> :

Commande de mélange	Sur IDLE CUT-OFF.
Manette des gaz	Ouverte jusqu'à la ligne rouge.
*[Commande de l']*hélice	Abaissée (INCREASE R.P.M.).
Levier du compresseur	Sur NEUTRAL.
Volets du capot moteur	Ouverts.
Volets du radiateur d'huile	Ouverts.
Volets de l'intercooler	Fermés.
Prise d'air du carburateur	Air froid COLD (tirette repoussée).
Interrupteurs des instruments et de la batterie	Fermés (ON).

(iv) Mettez en marche la pompe de suralimentation du carburant et basculez l'interrupteur d'amorçage pendant une seconde à la fois, environ cinq fois quand il fait chaud et jusqu'à dix fois s'il fait froid. Évitez de sur-amorcer.

(v) Fermez (ON) l'interrupteur d'allumage. Mettez à feu la cartouche de démarrage (si la cartouche ne fonctionne pas, attendez une minute avant de passer à la suivante) ou fermez (ON) l'interrupteur du démarreur (les périodes de rotation ne doivent pas dépasser 20 secondes avec des intervalles de 30 secondes).

(vi) Dès que le moteur démarre, déplacez lentement la commande de mélange sur la position AUTO RICH. Gardez l'interrupteur du démarreur enfoncé jusqu'à ce que le moteur tourne régulièrement, car cet interrupteur alimente aussi la bobine de démarrage.

(vii) Par temps froid, il peut être nécessaire de continuer l'amorçage après que le moteur ait commencé à tourner et jusqu'à ce qu'il fonctionne correctement.

NOTE : Ne tentez pas de garder le moteur en marche en "pompant" avec la manette des gaz.

(viii) Augmentez la vitesse de rotation jusqu'à 1.000 tr/min et laissez le moteur monter en température à cette vitesse. La pression d'huile doit s'élever jusqu'à sa valeur normale dans les 10 secondes. Si ce n'est pas le cas, arrêtez le moteur. Ne dépassez 1.000 tr/min tant que la pression d'huile n'est pas tombée en dessous de 100 lb./sq.in. *(6,9 bars)*.

(ix) Si le moteur ne démarre pas sur la première cartouche, vérifiez que la commande de mélange est immédiatement ramenée sur IDLE CUT-OFF et que l'allumage est éteint (OFF) avant d'insérer une nouvelle cartouche.

(x) Si des difficultés sont rencontrées pour démarrer et que l'on soupçonne un excès d'amorçage, il faut attendre de deux à cinq minutes avant une nouvelle tentative. Si l'on suspecte que le moteur est noyé, faites brasser l'hélice en la tournant dans le sens de rotation du moteur.

28. **Essai du moteur et des systèmes**

<u>Pendant la montée en température</u> :

(i) Vérifiez les températures et pressions et testez chaque magnéto à tour de rôle par précaution avant la montée en régime.

(ii) Vérifiez le fonctionnement du circuit hydraulique en abaissant et en relevant les volets.

NOTE : Les essais complets suivants doivent être effectués après une réparation, une révision (autre que l'entretien quotidien), ou à la discrétion du pilote, et avec l'empennage attaché au sol. Normalement ils peuvent être réduits par des instructions locales.

<u>Après la montée en température jusqu'à des températures de 40°C au moins pour l'huile et 120°C au moins pour les cylindres.</u> (N'essayez pas de monter en température plus rapidement en fermant les volets de capot car cela risquerait de brûler le système d'allumage).

(iii) Augmentez la vitesse de rotation jusqu'à 1.400 tr/min. Manœuvrez et vérifiez le bon fonctionnement du compresseur à deux vitesses en déplaçant la commande de NEUTRAL à LOW et, après quatre ou cinq secondes, de LOW à HIGH. Les tours/min et la pression d'huile devraient diminuer légèrement. Il est très important de faire chaque changement de façon ferme, sans pause. Ramenez sur NEUTRAL.

(iv) Avec une pression d'admission de 28 pouces de mercure *(0,95 bars)* manœuvrez et vérifiez le bon fonctionnement *[du régulateur]* de l'hélice à vitesse constante. La vitesse de rotation du moteur doit se situer autour de 1.400 tr/min avec la commande complètement relevée.

  (v) Avec la commande de l'hélice complètement abaissée, ouvrez la manette des gaz et vérifiez la pression d'admission de décollage et les tr/min en position statique qui devraient être de 2.700 tr/min à 54 pouces de mercure *(1,83 bars)*. Il faut faire particulièrement attention à garder le manche à balai complètement en arrière car il y a une forte tendance pour l'empennage de se soulever.

  (vi) Réduisez la pression d'admission à 30 pouces de mercure *(1,02 bars)* et testez chaque magnéto à tour de rôle. La baisse de la vitesse de rotation du moteur ne doit pas dépasser 100 tr/min.

  (vii) Si les réservoirs d'aile sont utilisés pour le vol, passez sur chacun des réservoirs d'aile pendant le point fixe, en utilisant la pompe de suralimentation du carburant pendant le basculement d'un réservoir à l'autre. Ce test est nécessaire car il est possible qu'une poche d'air se soit bloquée dans les canalisations de carburant lors du ravitaillement d'un réservoir d'aile qui était complètement vide. Ramenez le sélecteur sur RESERVE.

  (viii) <u>Essai au sol du système d'injection d'eau</u> : Entre 1.200 et 1.400 tr/min engagez le compresseur auxiliaire LOW et attendez environ une demi-minute pour permettre une mise en régime complète. Augmentez la vitesse de rotation jusqu'à 2.000 tr/min puis activez le micro-interrupteur à l'extrémité avant du bloc manettes. Cet interrupteur peut être rendu plus accessible en enlevant la plaque latérale du bloc manettes. Le bon fonctionnement du mécanisme de réinitialisation du régulateur du compresseur qui est actionné par la pression de l'eau s'accompagnera d'une augmentation soudaine de la pression d'admission de 2 à 3 pouces *[de mercure] (0,07 à 0,10 bars)*.

29. **Roulage au sol**

  (i) <u>Avant le roulage au sol</u> :

    (a) Vérifiez que le levier du repliage des ailes est sur la position SPREAD et que la poignée de verrouillage des ailes est engagée et verrouillée.

    (b) Vérifiez que le levier de verrouillage du train d'atterrissage est engagé.

  (ii) Le contrôle au sol est difficile avec la roulette de queue déverrouillée. Si elle est verrouillée, l'avion est directionnellement stable, mais il est alors impossible de zigzaguer pour voir en avant du nez de l'appareil. Il est donc recommandé que le Pilote garde la roulette de queue verrouillée pour rouler au sol en ligne droite ; et la libère momentanément pour faire zigzaguer l'avion pour vérifier que la voie est libre devant et aussi chaque fois qu'il est nécessaire de changer de direction. Une certaine pratique est nécessaire pour obtenir un contrôle satisfaisant lors des manœuvres au sol et les freins doivent être utilisés avec prudence.

NOTE : Sur tous les avions Mk. I, les Mk. II avant celui immatriculé JT.425 et sur les avions Mk. III avant celui immatriculé JS.604, il est possible de verrouiller le manche à balai derrière les pédales du palonnier pour le roulage au sol. Ceci peut être fait si le manche est relâché ou poussé vers l'avant lorsque le palonnier est poussé à fond.

30. **Décollage**

(i) <u>Vérifiez</u> : [30]

T = Trimming Tabs = réglage des compensateurs	Direction : 6° à droite. Ailerons : 6° aile droite abaissée. Profondeur : 1° à cabrer.
M = Mixture = mélange	AUTO RICH.
P = Propeller = hélice	Commande complètement abaissée (INCREASE R.P.M.).
F = Fuel = carburant	Vérifiez le niveau (robinet sur RESERVE). Pompe de suralimentation en marche.
F = Flaps = volets hypersustentateurs	Relevés (30° abaissés pour une course au sol plus courte et pour décollage d'un porte-avions).
Volets du capot moteur	Pas plus des 2/3 ouverts.
Volets de l'intercooler	Fermés.
Volets du radiateur d'huile	Réglés en fonction des besoins.
Levier du compresseur	Sur NEUTRAL.
Prise d'air du carburateur	Tirette repoussée.
Commande de la crosse d'appontage	Relevée (dans le cas contraire le train d'atterrissage ne pourra pas être relevé après le décollage).
Roulette de queue	Verrouillée.

(ii) Si les compensateurs sont correctement réglés, il y a peu de tendance à virer et l'avion se soulève du sol rapidement.

(iii) Freinez les roues avant de rétracter le train d'atterrissage.

NOTE : Sur les Corsair n°JT.195 - JT.269, il est nécessaire de se pencher très loin en avant dans le poste de pilotage pour libérer le verrou du levier du train d'atterrissage, et il faut attendre d'avoir acquis une altitude de sécurité avant de tenter de rétracter le train d'atterrissage.

---

[30] Les points essentiels des check-lists étaient présentés sous la forme de raccourcis mnémotechniques que les pilotes devaient apprendre par cœur et qui variaient peu d'un avion à l'autre : par exemple pour le Dakota I, III ou IV : TMPFF ; pour le Halifax II ou V : TPFF.

31. **Décollage accéléré**

Vérifiez :

T = Trimming Tabs = réglage des compensateurs	Direction : 6° à droite. Ailerons : 6° aile droite abaissée. Profondeur : 1° à cabrer.
M = Mixture = mélange	AUTO RICH.
P = Propeller = hélice	Commande complètement abaissée (INCREASE R.P.M.).
F = Fuel = carburant	Vérifiez le niveau (robinet sur RESERVE). Pompe de suralimentation en marche.
F = Flaps = volets hypersustentateurs	Complètement abaissés.
Volets du capot moteur	Pas plus des 2/3 ouverts.
Volets de l'intercooler	Fermés.
Volets du radiateur d'huile	Réglés en fonction des besoins.
Levier du compresseur	Sur NEUTRAL.
Prise d'air du carburateur	Tirette repoussée.
Commande de la crosse d'appontage	Relevée (dans le cas contraire le train d'atterrissage ne pourra pas être relevé après le décollage).
Roulette de queue	Déverrouillée.

32. **Montée**

(i) La vitesse pour obtenir le taux de montée maximal est de 125 nœuds *(232 km/h)* au badin du niveau de la mer jusqu'à 21.000 pieds *(6.400 m)*, en réduisant de 3 nœuds *(5,5 km/h)* pour chaque tranche de 2.000 pieds *(610 m)* au-dessus de cette altitude.

(ii) Passer sur le compresseur auxiliaire LOW lorsque la pression d'admission a chuté à 39 pouces de mercure *(1,32 bars)* ; et de LOW à HIGH quand la pression d'admission est tombée à 42 pouces de mercure *(1,42 bars)*. Réglez la commande de mélange sur AUTO RICH et fermez partiellement la manette des gaz lors du changement du rapport du compresseur pour éviter d'excéder les limites de la pression d'admission. Réajustez les réglages des manettes des gaz et de mélange après que le changement a été fait.

(iii) Réglez les volets de capot moteur, les volets du radiateur d'huile et de l'intercooler comme nécessaire pour maintenir les températures dans les limites. N'ouvrez pas les volets de capot au-delà de semi-ouverts, sinon le taux de montée sera réduit et des vibrations de l'empennage apparaitront. Si les températures des cylindres dépassent les limites, la vitesse de montée doit être légèrement augmentée.

(iv) Les positions normales des volets de l'intercooler sont les suivantes :
  Montée normale   .. .. À demi ouverts.
  Montée à pleine puissance .. Ouverts en grand.
  Vol en palier .. .. .. Fermés.

33. **Pilotage général**

(i) <u>Stabilité</u> :
L'avion est stable sur tous les axes.

(ii) <u>Changements d'assiette</u> :

	Tendance
Train d'atterrissage abaissé	Forte à piquer.
Volets hypersustentateurs sortis de 30°	Légèrement cabré.
Volets hypersustentateurs sortis de 50°	Légèrement à piquer.
Volets du radiateur d'huile et de l'intercooler ouverts	Légèrement à piquer.
Volets de capot ouverts	À piquer.

(iii) <u>Volets hypersustentateurs</u> : Les volets peuvent être abaissés de 20° pour aider les manœuvres à des vitesses allant jusqu'à 200 nœuds *(370 km/h)* au badin.

(iv) <u>Pilotage à des vitesses réduites</u> : Abaissez les volets de 10-20°. La commande de vitesse de l'hélice doit être réglée pour obtenir 2.550 tr/min. La vitesse peut alors être ramenée à 110 nœuds *(204 km/h)* au badin. Ouvrez la verrière.

(v) <u>Surrégime du compresseur auxiliaire</u> : Un passage en surrégime peut survenir lors de l'utilisation du compresseur auxiliaire dans les conditions suivantes :

(a) À environ 25.000 pieds *(7.620 m)*.

(b) Avec la vitesse haute du compresseur auxiliaire engagée.

(c) Avec les tr/min et les pressions d'admission à :
  2.200 tr/min et sous 30 pouces de mercure *(1,02 bars)*.
  2.500 tr/min et sous 33 pouces de mercure *(1,12 bars)*.

(d) Avec une température de l'air extérieur 10 à 20°C sous la normale.

Le surrégime est indiqué par un fonctionnement très chaotique du moteur, probablement accompagné d'un grondement ou d'un fort sifflement. Ce phénomène peut être immédiatement éliminé par une des méthodes suivantes :

(1) Passer sur la vitesse basse du compresseur auxiliaire, sauf si la situation tactique rend ceci indésirable.

(2) Ouvrir la manette des gaz et réduire les tr/min.

(vi) En régime de croisière pendant de longues périodes à haute ou basse vitesse, un changement doit être fait sur un rapport inférieur pendant cinq minutes une fois par heure afin d'éliminer les dépôts des plaques d'embrayage du compresseur et des lumières de passage de l'huile de lubrification.

(vii) <u>Injection d'eau</u> : L'injection d'eau est prévue principalement pour un usage intermittent en combat. L'approvisionnement en eau est limité, et il est important de l'économiser jusqu'à ce qu'un surcroit de puissance soit nécessaire pour un cas d'urgence. La position AUTO RICH doit être utilisée. Ouvrir la manette des gaz en grand active le micro-interrupteur, mettant en marche la pompe à eau et, avec le compresseur sur le rapport bas ou haut, réinitialise le régulateur du compresseur pour ajuster la pression d'admission supérieure autorisée avec l'injection d'eau. L'approvisionnement en eau devrait durer environ 8½ minutes. Le voyant vert clignote lorsqu'il ne reste plus que 3 minutes d'approvisionnement, et reste allumé en permanence lorsque la réserve est vide. Lorsque l'eau est épuisée :

- Avec le compresseur sur le rapport bas ou haut, la pression d'eau va baisser et le régulateur du compresseur retournera au réglage de puissance normale de combat,

- **Avec le compresseur sur NEUTRAL à une altitude inférieure à 3.000 pieds *(915 m)*, la manette des gaz doit être immédiatement ramenée en arrière pour éviter de sur-pressuriser le moteur.**

La température de l'air du carburateur peut dépasser la limite de 43°C avec l'injection d'eau, et par conséquence le voyant d'alarme de température de l'air du carburateur peut être ignoré. Pour la vitesse maximale ou le taux de montée maximal à la puissance de combat avec injection d'eau, la commande du compresseur doit être utilisée comme suit :

Jusqu'à 2.000 pieds *(600 m)* .. .. .. NEUTRAL.
Entre 2.000 à 15.000 pieds *(600 à 4.570 m)* .. LOW.
Au-dessus de 15.000 pieds *(4.570 m)*. .. .. HIGH.

Peu ou pas de bénéfice n'est obtenu de l'utilisation de l'eau avec une pression d'admission en-dessous de 45 à 50 pouces *(1,52 à 1,69 bars)*, c'est-à-dire au-dessus de 20.000 pieds *(6.000 m)* sur le rapport LOW ou 25.000 pieds *(7.620 m)* sur le rapport HIGH. Comme en fonctionnement normal sans eau, une augmentation brutale de la pression d'admission peut survenir lors du passage à un rapport supérieur du compresseur et les précautions listées au paragraphe 32(ii) doivent être respectées. Pour le fonctionnement des volets de l'intercooler **se reporter au paragraphe** 32(iv) qui s'applique également pour l'injection d'eau.

(viii) <u>Température de l'air du carburateur</u> : Si le voyant rouge s'allume lorsque le compresseur auxiliaire est utilisé à des vitesses relativement faibles, ouvrez immédiatement les volets d'intercooler en grand. Aux vitesses élevées, peu d'amélioration est obtenue en ouvrant les volets, et les tr/min doivent être réduits. Si c'est toujours inefficace, passez sur un rapport inférieur du compresseur.

34. **Perte de vitesse - décrochage**

    (i) Aux charges normales le décrochage, que ce soit avec le train d'atterrissage et les volets hypersustentateurs relevés ou abaissés, est précédé de légères vibrations et de tangage. En conditions de surcharge, ou avec un C.G. [31] en arrière, il y a peu de symptômes du décrochage autre que celui donné par le voyant d'alarme de décrochage. Au décrochage, une aile (normalement la droite) va s'abaisser fortement, mais la vrille naissante ne se développera que si le manche à balai est maintenu en arrière. La récupération est rapide dès que le manche est déplacé vers l'avant, mais ceci doit être fait immédiatement.

    (ii) Les vitesses de décrochage, moteur à l'arrêt, à 11.500 livres *(5.216 kg)* et les vitesses en nœuds *(km/h)* au badin auxquelles le voyant d'alarme s'allume sont environ :

Train d'atterrissage et volets	Vitesses de décrochage	Vitesses d'illumination du voyant d'alarme
Rentrés	95 *(177)*	100 *(185)*
Abaissés	76 *(141)*	80 *(148)*

    (iii) Si l'avion est décroché dans un virage serré, peu de symptômes sont apparents autre que celui donné par le voyant d'alarme de décrochage qui s'allume à environ 17-20 nœuds *(31-37 km/h)* au-dessus de la vitesse de décrochage, et normalement l'avion sortira brutalement du virage. La récupération est immédiate si la pression sur le manche est relâchée.

35. **Piqué**

    (i) Si on désire utiliser le train d'atterrissage comme aérofrein de piqué, ne l'abaissez pas avec la commande normale du train d'atterrissage car cela abaisserait la roulette de queue, mais utilisez la commande d'aérofrein de piqué. L'avion ne doit pas être mis en piqué avec la roulette de queue sortie car cela endommagerait les portes de la roulette de queue.

    (ii) Avant le piqué, réglez :

Verrière	Fermée et verrouillée.
Mélange	AUTO RICH.
Compresseur	NEUTRAL.
Manette des gaz	À demi-ouverte.
Carburant	RESERVE.
Volets de capot, du radiateur d'huile et d'intercooler	Fermés.
Compensateurs	Direction : environ 6° à gauche. Profondeur : environ 1½° à piquer

---

[31] "C.G." = Centre de Gravité.

(iii) L'accélération est rapide lorsque le train d'atterrissage n'est pas utilisé comme aérofrein de piqué et l'effort à exercer sur les gouvernes de profondeur est important lors de la ressource. Une altitude suffisante doit être prévue pour le redressement.

(iv) Si les limites de vitesse ne sont pas rigoureusement respectées, des vibrations peuvent se manifester. Si pendant le piqué, il y a un début de vibrations sur les gouvernes de profondeur, la vitesse doit être réduite jusqu'à ce que ces vibrations cessent. Si des symptômes similaires sont rencontrés aux fortes accélérations lors de la ressource, le redressement doit être amoindri et les *g* [32] réduits jusqu'à ce que ces vibrations cessent. Les Pilotes doivent être conscients que ces vibrations peuvent être dues à une combinaison des effets de la vitesse et de l'accélération et doivent réduire ces facteurs en conséquence.

(v) Aucune régulation automatique de la pression d'admission n'est installée et il faut veiller à ne pas sur-pressuriser le moteur dans le piqué. [33]

36. **Voltige**

Les vitesses recommandées au badin sont :

(i) Boucle	.. 260-280 nœuds	*(482-519 km/h).*
(ii) Tonneau	.. 180-220 nœuds	*(333-407 km/h).*
(iii) Immelmann ..	.. 300 nœuds	*(556 km/h).*
(iv) Tonneau montant	.. 330 nœuds	*(611 km/h).*
(v) Tonneau vertical ..	.. 350-360 nœuds	*(648-667 km/h).*

NOTE : Au cours des manœuvres ci-dessus l'avion ne doit pas être gardé inversé pendant plus de 3 secondes.

---

[32] *g* = unité de mesure de l'accélération. 1 *g* correspond à l'accélération liée à la gravité terrestre. Un avion peut être soumis à des *g* positifs ou négatifs en fonction des manœuvres exécutées.

[33] Les avions de combat britanniques étaient presque tous équipés d'un système de régulation automatique de la pression d'admission en fonction de l'altitude. La RAF a généralement installé ce système sur les avions américains monoplaces de combat pour décharger le pilote de cette tâche (voir l'Air Publication 2242 Volume 1 *"Boost Controls for American Aero-Engines"*).
Sur un avion sans système de régulation de la pression d'admission, le pilote doit s'assurer que le moteur ne soit pas sur-pressurisé quand il est en-dessous de "l'altitude pleins gaz" ("full-throttle height" ou "altitude de rétablissement"). L'altitude pleins-gaz est celle pour laquelle la manette des gaz est complètement vers l'avant et la pression d'admission peut être maintenue à une valeur donnée. Au-dessus de cette altitude, la pression d'admission va baisser (donc la puissance va baisser aussi) malgré la manette des gaz ouverte en grand puisque le compresseur travaille déjà au maximum mais l'air se raréfie encore. Pour simplifier, l'altitude pleins-gaz est celle à partir de laquelle le pilote peut utiliser les pleins gaz sans risquer d'endommager le moteur.

37. **Vrille**

Cet avion ne doit pas être mis en vrille.

Dans le cas de mise en vrille par inadvertance, l'action normale de récupération, [34] si engagée immédiatement devrait s'avérer efficace si les commandes sont maintenues complètement inversées, y compris les ailerons, jusqu'à ce que la récupération soit terminée. Les surfaces de compensation doivent être utilisées pour soulager l'effort à exercer sur les commandes, qui peut devenir élevé. Il faut noter que le taux de rotation augmentera probablement durant les premiers stades du rétablissement.

38. **Checklist pour l'atterrissage**

Réduisez la vitesse sous 200 nœuds *(370 km/h)* au badin, abaissez le train d'atterrissage et (pour un appontage) la crosse d'appontage. Ouvrez et verrouillez la verrière du poste de pilotage.

U = Undercarriage = train d'atterrissage	ABAISSÉ, verrouillage de sécurité engagé.
Roulette de queue	Verrouillée (DÉVERROUILLÉE pour un appontage).
M = Mixture = mélange	AUTO RICH.
P = Propeller = hélice	Commande abaissée (INCREASE R.P.M.).
F = Fuel = carburant	RESERVE (et pompe de suralimentation en marche).
F = Flaps = volets hypersustentateurs	Abaissés en fonction des besoins, mais complètement ABAISSÉS pour un appontage.
Levier du compresseur	Sur NEUTRAL.
Prise d'air du carburateur	Tirette repoussée.
Volets du capot moteur, du radiateur d'huile et de l'intercooler	FERMÉS en fonction des besoins.

39. **Approche et atterrissage**

(i) Les vitesses en nœuds *(km/h)* au badin recommandées pour l'approche aux charges normales sont :

	Volets hypersustentateurs	
	Abaissés	Relevés
Avec assistance moteur	85-90 *(157-167)*	100 *(185)*
Vol plané	100 *(185)*	105 *(194)*

---

[34] Les techniques de sortie de vrille sont décrites en détail dans l'Air Publication 129 *"RAF Flying Training"*, chapitre III *"General Principles of Flying"*, paragraphes 191 à 209 (impression de décembre 1939).

(ii) Les volets sont grands et le taux de descente quand ils sont complètement abaissés est très grand. La visibilité durant l'approche avec les volets hypersustentateurs sortis est satisfaisante, mais elle est restreinte si l'approche est faite avec les volets relevés.

(iii) Il faut être prudent une fois que l'avion est au sol. Dès que l'empennage s'abaisse, la machine peut avoir tendance à virer d'un côté ou de l'autre. Cette tendance doit être corrigée immédiatement avec les freins. Lors de l'approche pour atterrir, le Pilote peut positionner ses orteils sur les pédales de frein, prêt à corriger n'importe quelle tendance à virer après le posé des roues, mais il doit faire attention de ne pas appliquer une pression de freinage partielle aux roues avant le contact avec le sol.

40. Appontage

La vitesse d'approche recommandée pour l'appontage est de 80 à 83 nœuds *(148-154 km/h)* au badin. Afin d'améliorer la visibilité, une approche incurvée doit être faite pour l'atterrissage. [35]

41. Atterrissage manqué

En cas de renvoi par l'officier d'appontage, ou de "train bleu" : [36]

(i) Ouvrez la manette des gaz. Une ouverture soudaine de la manette des gaz à basse vitesse cause l'abaissement de l'aile gauche.

(ii) Rétractez le train d'atterrissage (sur tous les avions, la crosse d'appontage doit être relevée en premier) et re-réglez les compensateurs.

(iii) Ouvrez les volets du capot moteur en fonction des besoins.

(iv) Relevez les volets hypersustentateurs par étapes une fois qu'une altitude de sécurité de 200 pieds *(60 m)* est atteinte. La rétraction des volets produit un changement d'assiette et un enfoncement considérable.

---

[35] Les Britanniques ont développé cette technique d'approche, l'US Navy ayant dans un premier temps refusé d'embarquer des Corsair sur ses porte-avions.

[36] Expression qui, dans l'argot des pilotes de l'Aéronavale de l'époque, désigne la manœuvre d'un avion qui roule sur toute la longueur du pont d'un porte-avions sans parvenir à accrocher un brin d'arrêt, par référence au train rapide reliant Paris à Nice qui ne s'arrêtait pas dans la plupart des gares traversées. En résumé, c'est un appontage (ou par extension un atterrissage) manqué.

42. **Après l'atterrissage**

(i) Après l'atterrissage, relevez les volets hypersustentateurs et ouvrez les volets du capot moteur et du radiateur d'huile.

(ii) Arrêtez la pompe de suralimentation.

(iii) <u>Arrêt du moteur</u> :

    (a) Attendez que la température des têtes de cylindres descende en dessous de 205°C.

    (b) Placez la commande de mélange sur IDLE CUT-OFF et lorsque le moteur s'arrête, coupez tous les interrupteurs et fermez le carburant.

(iv) Si c'est le dernier vol de la journée, il faut dégommer l'embrayage du compresseur avant l'arrêt. Pour ce faire, augmentez les tr/min à 1.400 et passez la commande du compresseur d'abord de NEUTRAL à LOW et après 30 secondes, de LOW à HIGH. Après 30 secondes supplémentaires, ramenez-là sur NEUTRAL.

(v) Placez la commande de la crosse d'appontage sur la position PARK.

(vi) <u>Dilution de l'huile</u> : La durée de dilution pour cet avion est de trois minutes à 1.000 tr/min. Se référer à l'A.P. 2095 *"Notes Générales pour les Pilotes"*.

IIIème PARTIE
CARACTÉRISTIQUES D'UTILISATION

43. Caractéristiques du moteur – Double Wasp R.2800-8 ou 8W

(i) <u>Carburant</u> : Essence à indice d'octane 100.

    <u>Huile</u> : Se reporter à N.A.M.O. Général /S4. [37]

    <u>Eau</u> : Eau distillée ou mélange eau distillée-alcool.

(ii) Les principales limitations du moteur sont les suivantes :

	£	tr/min	Pression d'admission en pouces de mercure *(bars)*	Mélange [38]	Température °C Cylindres	Huile
DÉCOLLAGE – Limite 5 min.	PRINC	2.700	54 *(1,8)*	A.R.		
MONTÉE - Limite 1 heure	PRINC AUX	2.550	44 *(1,5)* 49,5* *(1,7)*	A.R.	260	100
MAX. RICHE CONTINU	PRINC AUX	2.550	44 *(1,5)*	A.R.	230	85
MAX. PAUVRE CONTINU	PRINC AUX	2.200	34 *(1,1)*	A.L.	230	85
COMBAT - Limite 5 min.	PRINC AUX	2.700	53 *(1,8)*	A.R.	260	100
COMBAT - URGENCE *(injection d'eau - Limite 5 min)*	PRINC AUX	2.700	58 *(2,0)* 60 *(2,0)*	A.R.	260	100

£ Compresseur (PRINC = Principal ; AUX = Auxiliaire)

* Une pression d'admission de 44 pouces *[de mercure]* *(1,5 bars)* doit normalement être respectée, mais 49,5 pouces *[de mercure]* *(1,7 bars)* sont autorisés pour 1 heure avec le compresseur auxiliaire.

PRESSION D'HUILE :
    NORMALE   ..   ..   ..   80 lb./sq.in. *(5,5 bars)*
    MAXIMALE   ..   ..   ..   100 lb./sq.in. *(6,9 bars)*
    MINIMUM POUR CROISIÈRE   ..   55 lb./sq.in. *(3,8 bars)*
    MINIMUM POUR LE RALENTI   ..   25 lb./sq.in. *(1,7 bar)*

---

[37]   NAMO = Instruction de maintenance de l'Aéronavale (Naval Air Maintenance Order).
[38]   A.R. = AUTO RICH (Riche automatique) ; A.L. = AUTO LEAN (Pauvre automatique).

TEMPÉRATURE D'HUILE :
  MINIMALE POUR LE DÉCOLLAGE   .. 40°C
  SOUHAITABLE POUR CROISIÈRE .. 60-70°C
PRESSION DE CARBURANT   .. 15-17 lb./sq.in. *(1,03-1,17 bars)*

44. **Conditions limites de vol**

(i) <u>Vitesses maxima au badin</u> :

Volets hypersustentateurs :	
Complètement abaissés	130 nœuds *(241 km/h)*
Abaissés de moins de 20°	200 nœuds *(370 km/h)*
Train d'atterrissage abaissé	200 nœuds *(370 km/h)*
Verrière ouverte	300 nœuds *(556 km/h)*
Ailerons appliqués à fond	300 nœuds *(556 km/h)*

NOTE : Aux vitesses plus élevées, l'utilisation des ailerons est limitée à la même force sur le manche à balai que celle nécessaire pour leur utilisation à fond à 300 nœuds *(556 km/h)*.

(ii) <u>Piqué (train d'atterrissage relevé)</u> :
Aux masses inférieures à 12.500 livres *(5.670 kg)* les vitesses maximales au badin pour le piqué sont les suivantes :

30.000 à 20.000 pieds *(9.150 à 6.100 m)*	300 nœuds *(556 km/h)*
20.000 à 10.000 pieds *(6.100 à 3.050 m)*	350 nœuds *(648 km/h)*
Sous 10.000 pieds *(3.050 m)*	400 nœuds *(741 km/h)*

Au-dessus de cette masse, réduisez les vitesses au badin de 25 nœuds *(46 km/h)*.

(iii) <u>Bombardement en piqué</u> : vitesses maximales au badin :

Train d'atterrissage relevé	375 nœuds *(695 km/h)*
Pour abaisser le train d'atterrissage (pour servir d'aérofrein)	250 nœuds *(463 km/h)*
Train d'atterrissage abaissé	350 noeuds *(648 km/h)*

(iv) <u>Réservoirs largables</u> :

 (a) <u>Réservoir central</u>

  Vitesse maximale au badin : 375 nœuds *(695 km/h)*.

  L'accélération *[pour le décollage]* est interdite. L'appontage avec prise de brins est autorisé si le réservoir est vide ou quasiment vide. La vitesse recommandée pour le largage du bidon vide est de 175 nœuds *(324 km/h)* au badin, mais à des vitesses plus élevées appliquez un peu de *g* [39] pour garantir le largage et le bon dégagement entre le réservoir et le fuselage. Lorsque le réservoir est plein, le largage sera possible de façon satisfaisante jusqu'à 300 nœuds *(556 km/h)* au badin.

---

[39] Comprendre *"un peu de force centrifuge pour assurer une séparation propre"*.

(b) <u>Réservoirs sous les ailes</u>

Vitesse maximale au badin : 300 nœuds *(556 km/h)*.

Les réservoirs peuvent être largués à cette vitesse. L'accélération *[pour le décollage]* et l'appontage avec prise de brins sont autorisés avec des réservoirs pleins.

(v) <u>Masses maximales</u> :

Décollage, décollage accéléré et atterrissage sur des pistes	14.900 livres *(6.759 kg)*
Appontage (sur brins) et atterrissage sur terrains engazonnés	14.200 livres *(6.441 kg)*

(vi) <u>Bombes</u> : Vitesse maximale au badin en nœuds *(km/h)*

Quand des bombes sont emportées	375 *(695)*
Quand les bombes sont libérées	300 *(556)*

L'accélération *[pour le décollage]* et l'appontage avec prise de brins sont autorisés, mais l'angle de piqué lors du largage des bombes ne doit pas excéder 60°. Le largage en salve n'est pas autorisé.

(vii) <u>Roquettes</u> :

Vitesse maximale au badin : 365 nœuds *(676 km/h)*.

L'accélération *[pour le décollage]* est autorisée, mais l'appontage avec prise de brins est permis seulement avec des roquettes à tête de 25 livres *(11,3 kg)*. Les roquettes à tête de 60 livres *(27,2 kg)* doivent être tirées avant l'atterrissage. Lorsque les conditions opérationnelles le permettent, les roquettes devraient être tirées avant d'utiliser les mitrailleuses, car les douilles éjectées peuvent frapper les ailettes des roquettes.

NOTE : Lorsque des bombes ou des bidons largables sont emportés, les manœuvres violentes doivent être évitées.

45. Corrections d'erreur de position

De à	100 120	120 160	160 200	200 240	240 280	280 320	nœuds au badin
Ajoutez	2	3	5	6	8	10	nœuds

Tableau ci-dessus converti en unités métriques :

De à	185 222	222 296	296 370	370 444	444 519	519 593	*km/h au badin*
Ajoutez	*3,7*	*5,6*	*9,3*	*11*	*15*	*19*	*km/h*

46. Performances maxima

(i) <u>Montée</u> : La vitesse recommandée pour le taux maximal de montée est 125 nœuds *(232 km/h)* au badin du niveau de la mer à 21.000 pieds *(6.400 m)*, en réduisant de 3 nœuds *(5,6 km/h)* par 2.000 pieds *(610 m)* au-dessus de cette altitude.

(ii) <u>Combat</u> : Le rapport LOW du compresseur auxiliaire doit être utilisé si la pression d'admission maximale que l'on puisse obtenir sur la position NEUTRAL est inférieure à 44 pouces de mercure *(1,5 bars)*. Le rapport HIGH doit, de même, être utilisé si la pression d'admission maximale que l'on puisse obtenir sur la position LOW est inférieure à 47 pouces de mercure *(1,6 bars)*.

47. Distance franchissable et endurance maximales

(i) La vitesse recommandée pour la distance franchissable maximale est 160 nœuds *(296 km/h)* au badin. Volez sur mélange pauvre avec une pression d'admission de 34 pouces *[de mercure] (1,15 bars)* ou pleins gaz et réduisez la vitesse de rotation du moteur comme nécessaire (jusqu'à 1.400 tr/min) pour maintenir la vitesse recommandée. Si cette vitesse est dépassée à 1.400 tr/min, réduisez la pression d'admission en conséquence.

NOTE : (a) N'utilisez pas le rapport LOW du compresseur auxiliaire si la vitesse recommandée peut être maintenue sur la position NEUTRAL à 2.200 tr/min.

(b) N'utilisez pas le rapport HIGH du compresseur auxiliaire si la vitesse recommandée peut être maintenue sur la position LOW à 2.200 tr/min.

(ii) Pour obtenir l'endurance maximale volez sur mélange pauvre à 1.350 tr/min et ajustez la manette des gaz comme nécessaire (en prenant soin de ne pas dépasser une pression d'admission de 34 pouces *[de mercure] (1,15 bars)*), pour maintenir une vitesse de 150 nœuds *(278 km/h)* au badin.

48. Capacités et consommations de carburant

(i) <u>Capacités d'emport de carburant</u> :

	Gallons		
	Imp.	U.S.	*Litres*
Réservoir principal (y compris la réserve)	197	236	*896*
Réservoir largable central	142	170	*646*
Sous-total	**339**	**406**	***1.541***
Réservoirs largables sous les ailes (2)	274	330	*1.246*
Total	**613**	**736**	***2.787***

(ii) <u>Consommations de carburant approximatives à 5.000 pieds</u> *(1.525 m)* :

(a) <u>Sur mélange riche et position NEUTRAL</u> :

Tr/min	Pression d'admission en pouces de mercure *(bars)*	Consommations approximatives par heure	
		en gallons Imp.	*en litres*
2.700	52,5 *(1,78)*	192	*873*
2.550	44 *(1,49)*	170	*773*

(b) <u>Sur mélange pauvre et position NEUTRAL</u> : Consommations approximatives en gallons Impériaux *(en litres)*

Pression d'admission en pouces de mercure *(bars)*	Tr/min			
	2.200	2.000	1.800	1.600
32,5 *(1,10)*	69 *(314)*	60 *(273)*	53 *(241)*	47 *(214)*
30 *(1,02)*	62 *(282)*	54 *(245)*	47 *(214)*	42 *(191)*
28 *(0,95)*	57 *(259)*	49 *(223)*	43 *(195)*	38 *(173)*
26 *(0,88)*	52 *(236)*	45 *(205)*	39 *(177)*	35 *(159)*
24 *(0,81)*	46 *(209)*	41 *(186)*	35 *(159)*	32 *(145)*
22 *(0,75)*	42 *(191)*	37 *(168)*	32 *(145)*	-

NOTE : Pour convertir les gallons Impériaux en gallon U.S., multipliez par 1,2.

<u>NOTES POUR LES GRAPHES DES PAGES SUIVANTES</u> :

- Une marge de 22 gallons U.S. *(83 litres)* a été allouée pour le démarrage et la montée.

- Pour convertir les gallons U.S. en gallons Impériaux, divisez par 1,2.

- Pour convertir les milles marins par gallon U.S. en milles marins par gallon Impérial, multipliez par 1,2.

- Pour convertir les minutes par gallon U.S. en minutes par gallon Impérial, multipliez par 1,2.

CONFIGURATION POUR LE BOMBARDEMENT

Masse totale au décollage avec 192 gallons *[Imp.]* *(873 litres)* de carburant et deux bombes de 1.000 livres *(454 kg)*	14.050 livres *(6.373 kg)*
Masse moyenne pour le voyage aller	13.680 livres *(6.205 kg)*
Masse moyenne pour le voyage retour (bombes larguées)	10.950 livres *(4.967 kg)*
Masse moyenne pour le voyage retour (bombes conservées)	12.950 livres *(5.874 kg)*

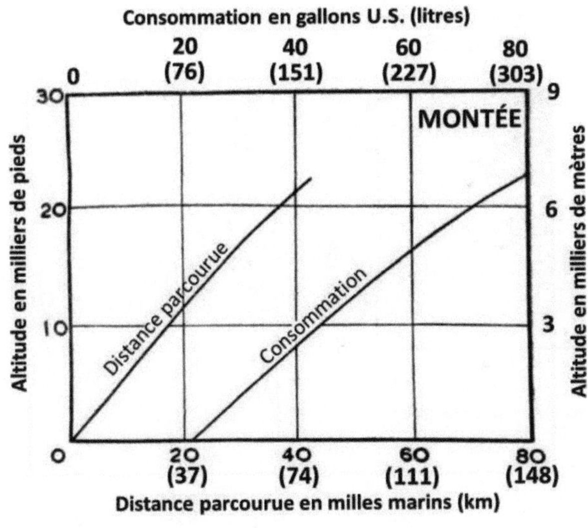

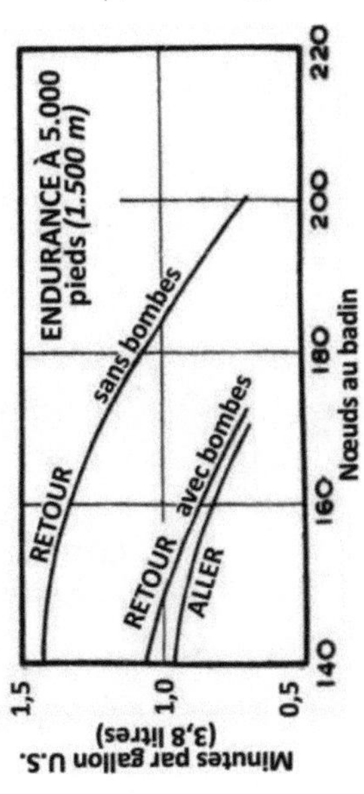

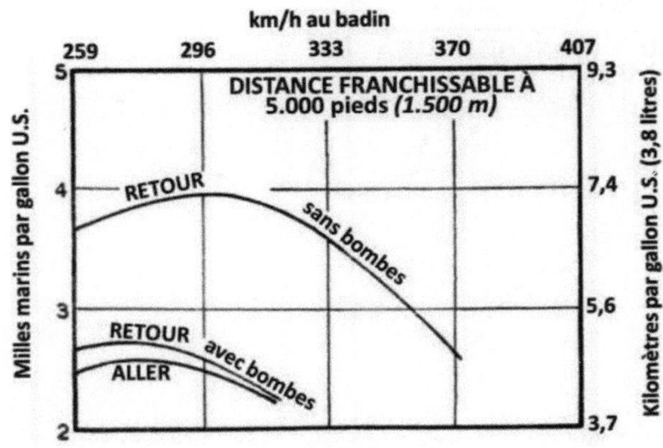

CONFIGURATION POUR LA CHASSE

Masse totale au décollage avec 192 gallons *[Imp.] (873 litres)* de carburant	11.850 livres *(5.375 kg)*
Masse moyenne pour le voyage aller	11.485 livres *(5.210 kg)*
Masse moyenne pour le voyage retour	10.750 livres *(4.876 kg)*

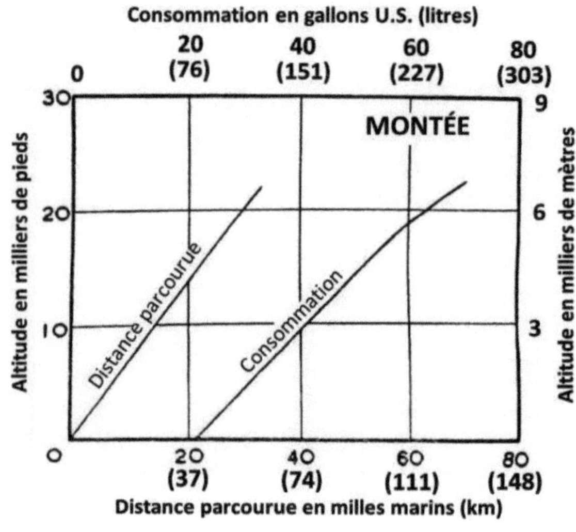

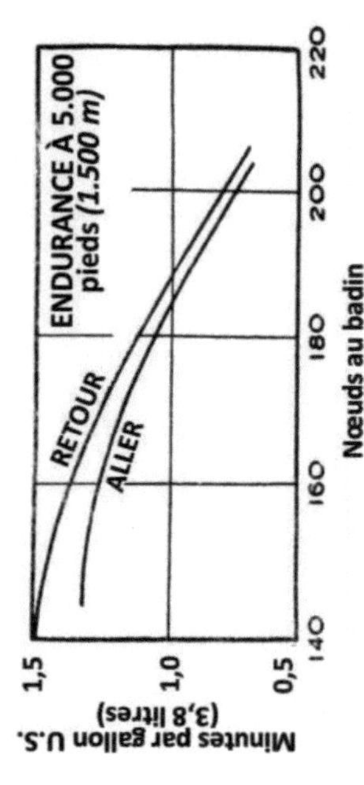

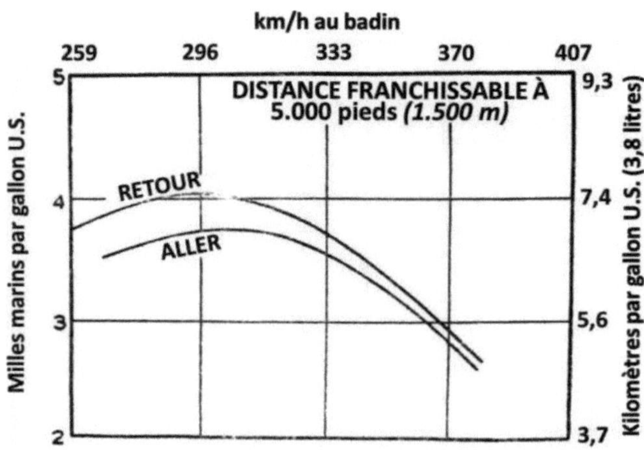

IVème PARTIE
SITUATIONS D'URGENCE

49. Fonctionnement de secours du système hydraulique : généralités

(i) Si le circuit hydraulique ne fonctionne pas, la pompe manuelle doit être utilisée. Le clapet anti-retour de la pompe manuelle doit être sur la position FLIGHT.

(ii) En cas de défaillance d'une conduite hydraulique, il y aura un demi-gallon *[Impérial] (2,3 litres)* de liquide encore disponible pour la pompe manuelle, ce qui est suffisant pour une unique opération à la pompe manuelle du train d'atterrissage, des volets hypersustentateurs, des volets de capot moteur, des volets des radiateurs d'huile et de l'intercooler.

La crosse d'appontage ne nécessite pas de pression hydraulique pour être sortie.

50. Fonctionnement de secours du train d'atterrissage

(i) Si le train d'atterrissage ne peut être abaissé, vérifiez que le clapet anti-retour de la pompe manuelle est sur la position FLIGHT. Placez le levier de commande du train d'atterrissage sur la position DOWN et servez-vous de la pompe manuelle. Il faudra environ 70 coups de pompe pour ouvrir les portes, et durant ce temps aucune résistance ne se fera sentir. Il faut ensuite encore 100 coups pour sortir le train d'atterrissage principal et durant ce temps une résistance sera ressentie. Cette opération prend de 3 à 5 minutes.

(ii) S'il est clair que le train d'atterrissage ne s'abaissera pas à cause d'une panne totale du système hydraulique, le train d'atterrissage principal peut être descendu en activant un système au CO_2, et la roulette de queue par un système de ressort.

(a) Fermer la manette des gaz et de réduisez la vitesse à 110 nœuds *(204 km/h)*.

(b) Mettez la commande du train d'atterrissage sur la position DOWN.

(c) Tirez la poignée de sortie d'urgence du train d'atterrissage (côté gauche du poste de pilotage). Cela purge la pression hydraulique du côté bas des vérins et active également la vanne de CO_2.

NOTE : Sur l'avion immatriculé n° JT.270 et ceux qui suivent, la poignée de sortie d'urgence du train d'atterrissage n'est pas installée et il faut ouvrir la vanne de la bouteille de CO_2 (bouteille arrière).

(d) Réduisez la vitesse à environ 90 nœuds *(167 km/h)* au badin (il faut veiller à ne pas approcher de la perte de vitesse pendant que le train d'atterrissage sort).

(e) Vérifiez les indicateurs pour s'assurer que le train d'atterrissage et la roulette de queue sont abaissés.

NOTE : L'introduction de CO_2 dans le système hydraulique empêche toute utilisation ultérieure de l'énergie hydraulique. Si une pression hydraulique est affichée sur le manomètre et que le train d'atterrissage ne s'abaisse pas avec la pompe entrainée par le moteur ou la pompe manuelle cela indique des dommages mécaniques probables. Dans ce cas, le système au CO_2 ne doit pas être utilisé et un atterrissage sur le ventre doit être effectué car il ne sera pas possible de rétracter à nouveau le train d'atterrissage s'il ne se verrouille pas en position basse.

51. **Fonctionnement de secours des volets hypersustentateurs**

En cas d'urgence les volets peuvent être abaissés par la pompe manuelle. Réglez :

(i) Le clapet anti-retour de la pompe manuelle sur la position FLIGHT.

(ii) La commande des volets hypersustentateurs sur la position DOWN.

(iii) Servez-vous de la pompe manuelle.

52. **Givrage du carburateur**

<u>Si le givrage du carburateur</u> se produit au-dessous de 5.000 pieds *(1.525 m)* avec le compresseur auxiliaire sur la position NEUTRAL, la commande de l'air protégé doit être complètement tirée. Au-dessus de cette altitude, le compresseur auxiliaire doit être mis en route afin de faire disparaitre toute trace de givre.

<u>Pour l'air protégé</u> : Tirez complètement la tirette de commande. Cette commande doit être soit complètement tirée soit complètement enfoncée, et à cause de la forte pression d'admission de l'air sur le volet d'air alternatif *[protégé]*, la commande **ne peut pas être utilisée** avec le compresseur auxiliaire sur les positions LOW ou HIGH, et donc la position NEUTRAL doit être sélectionnée avant de tirer cette commande. Lorsque cette commande est tirée l'effet de "bourrage de l'air" est réduit car l'air est aspiré de l'intérieur du compartiment moteur.

53. **Largage d'urgence de la verrière**
  (i) Tirez les boucles des goupilles de sécurité et tirez les deux poignées de libération de la verrière vers l'intérieur puis vers l'avant.

  (ii) Libérez la verrière par une poussée vers le haut sur les poignées de libération.

  (iii) Un panneau de sortie d'urgence est installé sur le côté droit de la verrière. En cas de renversement de l'avion lors de l'atterrissage, tirez la poignée d'ouverture vers le bas et poussez ce panneau vers l'extérieur.

54. **Amerrissage** [40]
  (i) En général, le Pilote doit sauter en parachute si possible.

  (ii) Il est connu que l'avion possède de bonnes qualités d'amerrissage. Les réservoirs largables (si emportés) doivent être largués, mais seulement en vol rectiligne, et la procédure suivante observée :

  (a) Ouvrez la verrière du poste de pilotage et assurez-vous qu'elle soit bien verrouillée.

  (b) Baissez les volets hypersustentateurs afin de réduire autant que possible la vitesse de posé.

  (c) Gardez le train d'atterrissage rétracté.

  (d) Débranchez la prise des écouteurs/microphone. Gardez le harnais de sécurité et assurez-vous que les sangles soient bien serrées.

  (e) Le moteur, s'il fonctionne encore, doit être utilisé pour aider à se poser dans une attitude cabrée à la plus basse vitesse possible.

  (f) L'amerrissage doit être fait le long de la crête des vagues ou au sommet des vagues.

---

[40] Les Britanniques, puis les Américains, avaient procédé à de nombreux essais d'amerrissage de modèles réduits de leurs principaux avions pour déterminer les meilleures techniques d'approche et ainsi conseiller au mieux les pilotes. Les rapports d'incidents (lorsqu'il y avait des survivants) étaient également analysés avec soin.

Vème PARTIE

ILLUSTRATIONS

LÉGENDE DE LA FIGURE 1 : Tableau de bord

1. Interrupteur de l'allumage
2. Commande et indicateur des volets hypersustentateurs
3. Commande du réservoir largable
4. Compte-tours du moteur
5. Manomètre de la pression d'admission
6. Altimètre
7. Interrupteurs d'armement
8. Voyant d'alarme de l'injection d'eau
9. Voyant d'alarme de décrochage
10. Bouton de test du voyant d'alarme de décrochage
11. Voyant d'alarme de la température du carburateur
12. Montre
13. Thermomètre de l'huile
14. Thermomètre des cylindres
15. Manomètre de l'huile
16. Manomètre du carburant
17. Jauge de niveau de carburant du réservoir principal
18. Réglage de la pédale de frein
19. Ventilateur du poste de pilotage
20. Réglage de la pédale de frein
21. Commandes de chargement des mitrailleuses
22. Commande de l'air alternatif *[protégé]*

FIG. 1 — FIG. 1

TABLEAU DE BORD

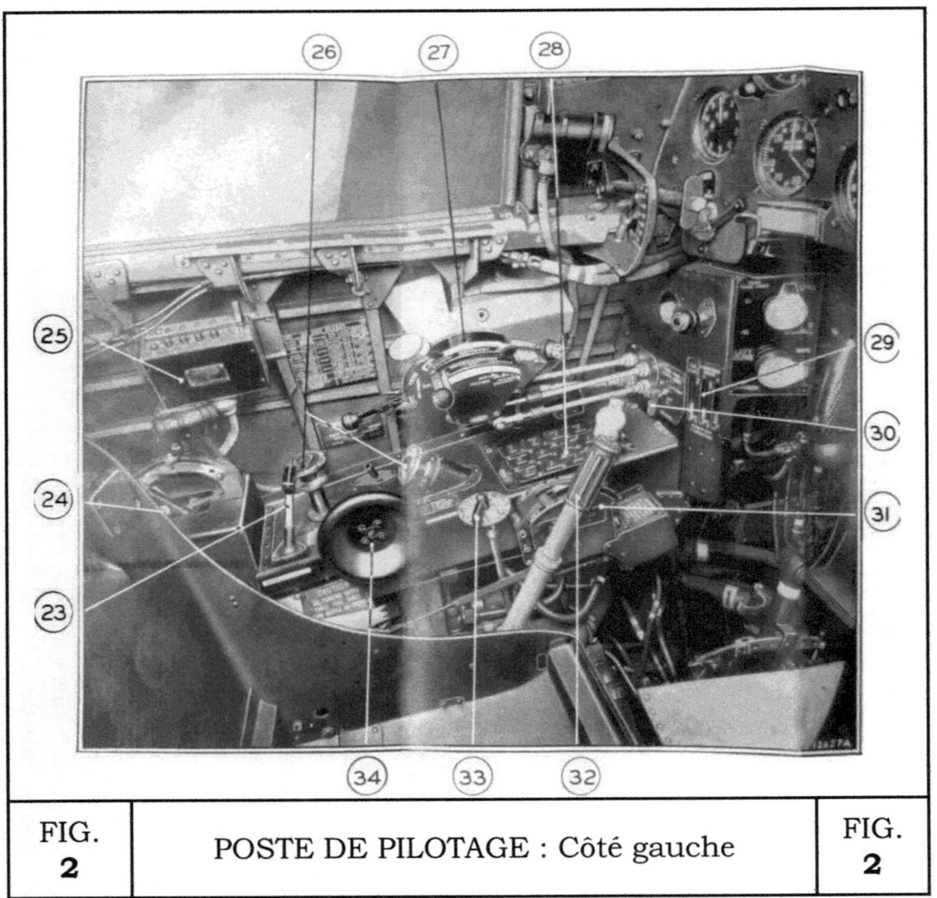

FIG. 2 — POSTE DE PILOTAGE : Côté gauche — **FIG. 2**

23. Poignée de verrouillage de la roulette de queue
24. Levier de repliage des ailes (poignée de verrouillage à l'arrière)
25. TR.1196 [41]
26. Commande des compensateurs de direction et des ailerons
27. Bloc manettes
28. Boutons de réinitialisation des disjoncteurs (armement, cinémitrailleuse et pompe à eau)
29. Indicateur du train d'atterrissage
30. Sélecteur du clapet anti-retour de la pompe manuelle
31. Commandes du train d'atterrissage et des aérofreins de piqué
32. Pompe manuelle
33. Sélecteur de réservoir de carburant
34. Commande du compensateur de profondeur

LÉGENDE DE LA FIGURE 3 : Poste de pilotage : côté droit

35. Commande manuelle de pressurisation
36. Indicateurs des volets du radiateur d'huile et de l'intercooler
37. Voltmètre
38. Manomètre du circuit hydraulique
39. Interrupteur du démarreur
40. Interrupteur d'amorçage
41. Commande de la crosse d'appontage
42. Régulateur d'oxygène
43. Interrupteur de la pompe de carburant
44. Commande des volets de capot
45. Commande du volet de l'intercooler
46. Commande du volet du radiateur d'huile
47. Réglage des pédales du palonnier

---

[41] Transpondeur IFF (Identification Friend or Foe), un petit transmetteur qui donne une forme caractéristique à l'écho d'un avion ami sur l'écran radar.

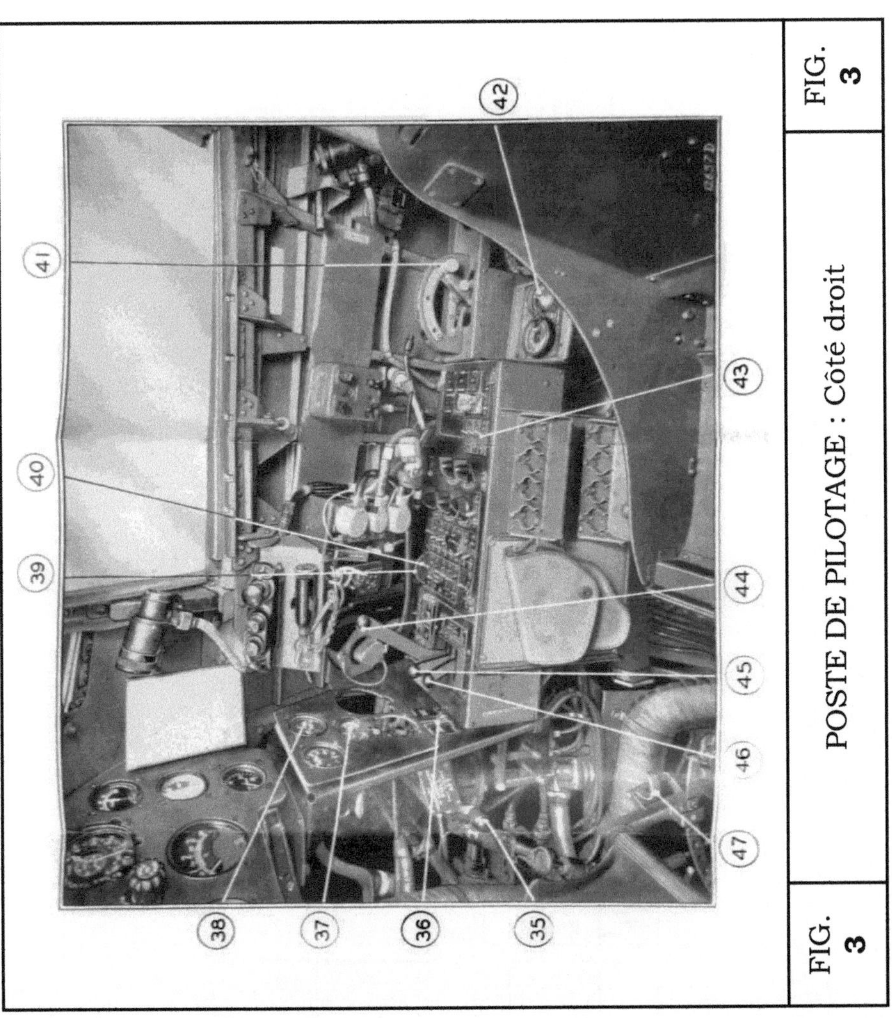

Légende de la Figure 4

- A- Interrupteurs des lampes pour se faire reconnaître avec les couleurs du jour.
- B- Manipulateur Morse.
- C- Commutateur de la lampe d'identification orientée vers le haut.
- D- Interrupteurs principaux (batterie, démarreur, amorçage, instruments, etc.).
- E- Interrupteurs des feux extérieurs.

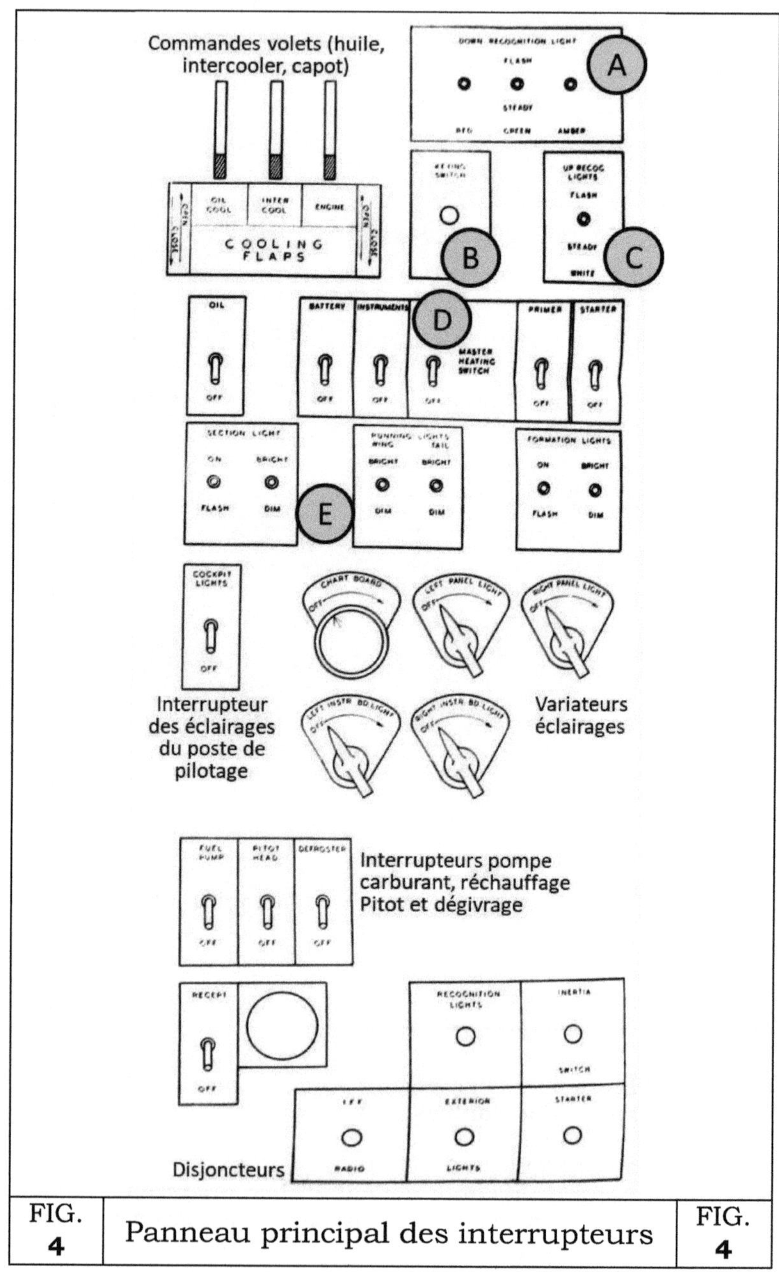

FIG. 4	Panneau principal des interrupteurs	FIG. 4

BIBLIOGRAPHIE SOMMAIRE SUR LE F4U CORSAIR ET L'AÉRONAVALE BRITANNIQUE

Il y a beaucoup d'ouvrages consacrés au Corsair. Quelques exemples sont listés ci-après. Un court commentaire en italique donne quelques impressions de lecture.

BARBER, Mark. **The British Fleet Air Arm in World War II**. Osprey. 2008. ISBN 978-1846032837.

COWIN, Hugh W.. **Vought Aircraft since 1917**. Putnam Aeronautical. 2000. ISBN 9780851778853.

DARLING, Kev. **Fleet Air Arm carrier war : The history of British naval aviation.** Pen & Sword. 2009. ISBN 978-1844159031. *Un livre un peu brouillon, principalement narratif, avec peu de données chiffrées. Les années précédant la seconde guerre mondiale sont couvertes en moins de trente pages et ne présentent pas, ou peu, l'organisation et les relations de l'Aéronavale britannique avec la RAF (notamment le Coastal Command) et le Ministère de l'Air. Des cartes auraient également été bienvenues pour la description des grandes opérations.*

DOYLE, David. **Corsair: Vought's F4U in World War II and Korea**. Schiffer Publishing. 2018. ISBN 978-0764355035.

GUYTON, Boone T.. **Whistling death : The test Pilot's story of the F4U Corsair**. Schiffer Publishing. 1997. ISBN 978-0887407321.

HOBBS, David. **The Fleet Air Arm and the war in Europe, 1939–1945**. Seaforth. 2022. ISBN 978-1526799791.

PAUTIGNY, Bruno. **F4U Corsair : 1940-1964, du prototype au F4U-7**. Heimdal. 2019. ISBN 978-2840484752. *Livre fort bien illustré. Probablement le meilleur ouvrage en français sur cet avion.*

PELLETIER, Alain :
- **Chance Vought "Corsair"**. Ouest-France. 1979. ISBN 2858821828.
- **Avions de légende : 1940-1978 "Corsair" :** *La mort qui siffle*. Le Fana de l'Aviation, hors-série n°60. Fin 2017. *Un excellent résumé en français de l'histoire de cet avion.*

STURTIVANT, Ray et BURROW, Mick. **Fleet Air Arm aircraft, 1939 to 1945**. Air Britain Historians. 1995. ISBN 978-0851302324. *Un très bon livre. Un second volume des mêmes auteurs couvre les avions de la guerre froide.*

TILLMAN, Barrett. **Corsair : The F4U in World War II and Korea**. Naval Institute Press. 2014. ISBN 978-1557509949.

THETFORD, Owen. **British naval aircraft since 1912**. Putnam, 1982, ISBN 0370300211. *Un excellent résumé de la genèse et l'emploi des différents appareils qui ont servi au sein de l'Aéronavale britannique. Ce livre a été réédité à de multiples reprises et s'est enrichi au fil des publications successives.*

WINTON, John. **Find, Fix and Strike : Fleet Air Arm at war - 1939-45**. Harper Collins. 1980. ISBN 978-0713434880.

WRAGG, David. **The Fleet Air Arm handbook 1939-45**. Sutton. 2001. ISBN 978-0750925969.

La Fleet Air Arm dans la Seconde Guerre Mondiale. Aérojournal hors-série n°46, octobre 2023. ISSN 2103-7922. *Un numéro richement illustré mais on regrettera l'absence de cartes, de bibliographie ou de bilan chiffré.*

QUELQUES TITRES DE CETTE SÉRIE

Utilisation principale	Avion
Formation	Tiger Moth II ; Harvard III (AT-6)
Chasseur et **chasseur-bombardier**	Spitfire I Spitfire F.IX, PR.XI & LFXVI Mosquito FII, NF: XII, XIII, XVII & XIX Havoc II (A-20) ; Typhoon IAB Airacobra I (P-39) ; Mohawk IV (P-36) Tomahawk I & II (P-40) Thunderbolt I & II (P-47) Beaufigther VI, TFX & TFXI Hurricane I et Sea Hurricane I Mustang III & IV (P-51) Meteor III ; Vampire F1
Bombardement	Lancaster I, III, X ; Halifax II & V Mitchell II (B-25) Fortress GRIIA, GRII & III, BII &III (B-17)
Planeur de combat ou **transport de parachutistes**	Dakota I, III & IV (C-47) ; Hadrian I (CG-4A) ; Hamilcar I ; Horsa I & II
Aéronavale et **surveillance maritime**	Corsair I à IV (F4U, F3A & FG-1) Hellcat I & II (F6F) ; Swordfish I à IV Martlet II & III (F4F Wildcat) Avenger I, II & III (TBF & TBM) Catalina I, IB, II & IV (PBY) Wellington III & X
Missions secrètes	Lysander III & IIIA